鹈鹕丛书
A PELICAN BOOK

新万物理论
Object-Oriented Ontology
物导向本体论

[美]格拉汉姆·哈曼 著　　王师 译

上海文艺出版社

目录 | Contents

1　　　导言

001　　第一章
新万物理论

043　　第二章
审美是一切哲学的根源

089　　第三章
社会和政治

135　　第四章
间接关系

181　　第五章
物导向本体论及其竞争对手

205 第六章

物导向本体论的不同路径

243 第七章

物导向本体论综述

253 注释

导言

2016年11月8日,也就是本书即将完稿的时候,美国的选民用选票将那个丑闻缠身的商人、真人秀明星唐纳德·特朗普推上了总统的宝座。在此前的选战中,特朗普作了无数富有争议的陈述——其中有多次,特朗普矢口否认说过这样或那样的话,但公开的视频证据都表明恰恰相反。尽管如此,他还是令人惊讶地赢得了总统大选。事实上,这场大选结果的震撼性引发了众多公共知识分子的反思。一如既往,斯洛文尼亚哲学家斯拉沃热·齐泽克(Slavoj Žižek)对此所持的立场是最与众不同的,齐泽克在大选前就坚持认为:如果希拉里·克林顿赢得选举,那只会进一步导致新自由主义的平庸,而如果像特朗普这样雄心勃勃的政治强人获胜,则至少会促使令人耳目一新的政治联盟的诞生。[1]然而,人们对此更寻常的反应则是认为,特朗普的胜利标志着这个世界对于真理已经不再有任何尊重了。在作出这类指责的各方意见中,最有权威性的当属《牛津英语词典》,该词典把"后真理"

（post-truth）选为 2016 年的年度词，并对这个词作了以下定义："它指的是这样一种情形：客观事实在形成公众意见上的影响比不上诉诸情绪和个人信念。"[2] 在此定义中，我们不难看出对那个新崛起的美国政治人物的影射。

如果我们接受《牛津英语词典》的上述定义，那么对于这种后真理状态的最佳疗法就莫过于"客观事实"了。人们通常将把握了客观事实的状态称为*知识*[*]，而知识也往往意味着人对真理的认识，因此知识和真理两者一般是如影随形的。在我们这个时代，科学发现通常被视作知识和真理的黄金标准：过去占据这个位置的是宗教的教义，而未来某一天，它也可能被某种当前未知的制度所占据。我们如今生活的社会被知识的生产所支配，这个说法意味着：自然科学及其技术应用的成功已然成了判定何为真理的最终标准，因而它们也可能是对抗唐纳德·特朗普那种"诉诸情绪和个人信念"的做法的关键措施。在这个观点看来，正如"向权力道出真理"这句多年来的左翼格言所表明的那样，只有知识才能让煽动家哑口无言。在这场大选前数月，天体物理学家尼尔·德格拉斯·泰森（Neil deGrasse Tyson）曾发出一条有争议的推特，其中也表达了类似的立场，他写道："地球上需要建立一个虚拟的国家：#理性邦（Rationalia）。这个国家的宪法只需一句

---

[*] 原著中斜体字，本书均用楷体表示。——编者注

话:一切政策都应基于证据。"[3] 也就是说,只有当我们能够将科学方法用于政治领域时,我们才能最终摆脱人类非理性的冲突,从而才有可能在政治领域取得巨大的进步——就如同自科学革命以来的四百年间,我们在把握世界的物理性质上所取得的巨大进步那样。

通过这种方式,真理与知识被视作对相对主义的一剂解毒良方("相对主义"曾被认为是左翼的特征,但如今在右翼思想中也颇为普遍),这种相对主义认为人们可以按自己的需要随意发明所谓的"替代性事实"(alternative facts)——这个声名狼藉的说法来自特朗普的发言人凯莉安·康韦(Kellyanne Conway)。然而出于某些原因,我们并不总是清楚如何去寻求这些具有神奇疗效的真理与知识。艺术和建筑等领域,由于更多地受到风尚和品味——而非可计算的公式——的决定性影响,因此在那些领域中,这一点就表现得尤为显著:也正是由于这种区别,在公众的心目中,建筑和艺术等学科的价值比不上那些似乎在生产实际知识的学科,例如理科、工科和医科。此外,尽管泰森呼吁要从理性证据出发,但我们还是不太清楚究竟哪些人才拥有政治知识。例如,我们很难相信可以把(像亚伯拉罕·林肯或穆斯塔法·凯末尔那样)有力非凡的政治人物治国理政的过程归纳成一个公式化的提示列表,从而方便地复制并传承给他们的继任者。我们甚至也不太清楚科学知识究竟应该在何处寻找。

在思潮激荡的年月，旧的科学理论往往被新的理论所颠覆和取代。诚然，不乏自称"结构实在论者"（structural realist）的人声称：尽管发生了多次科学革命，但科学中的某种数学核心始终不变，不过这个说法还缺乏说服力[4]。某个历史学派眼中颠扑不破的真理，在另一个学派看来无非是资产阶级虚伪的虔诚。久负盛名的工程公司犯下低级的计算错误，从而导致数百人死于海难。当然，如果知道在哪里能找到真理和知识的话，我们就能更好地用它们来对抗情绪和信念。然而，尽管西方文明那令人自豪的悠久科学传统可以追溯到古希腊，但那个时代最伟大的思想家苏格拉底（Socrates，前469—前399）恰恰宣称了知识并不存在。事实上，在柏拉图的对话集中，我们往往可以读到苏格拉底断言自己不是任何人的老师，而他唯一知道的就是自己不知道任何事。甚至苏格拉底为他那个行当所起的响亮名字——哲学（*philosophia*），其字面意思也仅仅是对知识的爱，而非对知识的占有。这种态度与数学和科学有着根本区别，后者追求的是拥有知识，而不仅仅是爱知识，不过，哲学领域内外的许多人都忽视了这个区别——他们力图使哲学踏上科学那样确定的进路。

本书的主题是"物导向本体论"（Object-Oriented Ontology，后缩写为OOO），这是一个相对新颖的哲学学派，它严格遵循了苏格拉底的上述想法。没有人真正拥有知识或真理，因此它们也就无法保护我们免于政治或任何其他类型的退化堕落。OOO认为，思想上真正危险的并不是相对主义，而恰恰是唯心论（idealism），因而治疗我们痛苦的最佳药方，不是真理/知识这对范畴（详见本书第四章），而是实在（reality）。实在正是那块沉没了无数船只的礁石，因此无论这块礁石是多么地踪迹难寻，我们都应当承认和正视它。正如军事指挥官往往会说：在刚刚接敌的刹那间，一切战斗计划都不管用了；哲学家不应当依靠制定不会出错的规程来克服情绪和信念，他们应当考虑到：在刚刚触及实在的刹那间，一切理论也都不管用了。进一步说，由于实在总是与我们对其的表述大相径庭，而且实在本身从来不是我们可以直接面对的东西，因此我们只能以间接的方式接近它。事物对于直接接触的这种退离（withdrawal）或保留（withholding），构成了OOO的核心原则。针对这一原则，通常的反对意见会认为，它带给我们的无非只是关于不可知实在的否定陈述。但这种反对意见假定了只存在两种表达真理的可能：要么是散文式的清晰陈述，要么是诗歌般的模糊暗示。与此相反，我要指出的是：从美学、形而上学、艺术设计，到备受指责的修辞学，甚至是哲学本身，这些领域都清楚地表明，我们大多数的认知并不涉及这两种形式中的任何一种。和这个名单中的所有学科一样，哲学有着巨大的认知价值——即便它并非一种知识的形式。在我们这个视知识为济世良方的时代，哲学成了一股具有潜在干扰性的力量，关于人类的进步，它提出了与科学截然不同的议程。与此同时，要想戳穿政治和其他领域中招摇撞骗的伎俩，宣称自己拥有他人所没有的真理并不是最佳办法，相反，最好的方法是不断地呼吁这些人面对现实（实在）。而如何才能察觉知识与现实之间的鸿沟呢？这是本书所关心的一个主要问题。

大约十年前，物导向本体论还鲜为人知，但近年来，该学派已经成了最具感召力的哲学理论之一，它的影响力遍及各个人文学科。齐泽克反对这种本体论，认为它的理论模型没有为人类主体留出位置，他的大多数追随者们也共同采取了拒斥OOO的立场。[5]法国哲学家布鲁诺·拉图尔（Bruno Latour）则对OOO持积极态度，他在新近的一本重要著作中用了"物导向的政治"（object-oriented politics）这个说法来阐述一种存在方式。[6]《艺术评论》杂志（*ArtReview*）更是将OOO列为国际艺术界最具影响的百大思潮之一。[7]不过，目前该理论影响力最大的领域或许当属建筑学了，这个学科向来就以善于吸收哲学新思潮而著称。至少有两个重要的建筑学会议宣称，OOO在建筑学领域的影响已经超过了此前的法国著名后现代思想家雅克·德里达（Jacques Derrida）和吉尔·德勒兹（Gilles Deleuze）。[8]此外，耶鲁大学建筑系副主任马克·盖奇（Mark Foster Gage）更是这样写道："OOO之所以引起……建筑界的广泛讨论，是因为它不仅构成了对德勒兹'生成优于存在'观点的解毒剂，而且还发展成为对抗那种不靠自身质量取胜，却以诸如设计过程、内部复杂性、周边文脉等关系作为设计理由的建筑作品的解毒剂……"[9] 就连其他领域的名人也感受到了OOO的魅力，例如著名摇滚歌手比约克（Björk）就曾与OOO理论的代表人物蒂莫西·默顿（Timothy Morton）进行过深入的谈话，而电影明星本尼迪克特·康伯巴奇（Benedict Cumberbatch）也曾在2014年认真听了我在伦敦一处私宅中主持的讲座。[10]

虽然物导向本体论（也称为"物导向的哲学"）起源于上世纪90年代，但直到2010年4月在亚特兰大的佐治亚理工学院举行第一届OOO会议之后，该理论才开始具有广泛的影响力。[11] 除了我编著的几本书之外，具有代表性的OOO著作还包括：伊恩·博格斯特（Ian Bogost）的《单元操作》（*Unit Operation*）和《外星人现象学》（*Alien Phenomenology*），蒂莫西·默顿的《实在论的魔术》（*Realist Magic*）和《超级对象》（*Hyperobjects*），以及列维·布莱恩特（Levi R. Bryant）的《物的民主》（*The Democracy of Objects*）——但是布莱恩特此后的思想路径发生了改变。鉴于哲学是一门如此古老的学科，OOO的观点不可能都是前人没有提出过的，但该理论以一种全新的方式把这些观点整合起来，并运用到那些往往被哲学家忽视的论题上去。OOO包括以下几个基本原则（本书接下来的各章将对此展开详述）：（1）我们必须对一切物加以同等的关注，无论它们是人类还是非人类，是自然的还是文化的，是真实的还是虚构的。(2)物有别于物的属性,但物与属性间的关系具有张力,正是这种张力导致了世界上的一切变化。(3)物只有两种类型:无论是否影响任何其他事物,实在物(*real object*)都是存在的,相反,感觉物(*sensual object*)的存在则以与实在物的关系为前提。(4)实在物之间不存在直接的关系,它们只能通过感觉物间接地建立关系。(5)物的属性也只有两种类型:实存属性和感觉属性。(6)两种物和两种属性就形成了四种基本组合,根据OOO,它们分别是:时间、空间、本质(essence)以及理形(*Eidos*)。(7)最后,OOO认为:一般而言,哲学与美学的关系要比它和数学或自然科学的关系更加密切。上述观点中的一部分可能会令人难以接受,甚至看起来不太合理,因此我打算对它们给出尽可能清晰的解释。我希望在看完本书后,读者心中会呈现出一个新的思想图景。

OOO在许多领域激起了强烈的反响——既有正面的,也不乏负面的,这些领域包括:美国黑人研究、考古学、建筑学、舞蹈艺术、设计、生态学、教育学、女性主义、历史学、文学理论、媒体研究、音乐、政治理论、精神分析、社会理论、神学、电子游戏理论、视觉艺术等等,当然还有哲学本身。这状况似曾相识,因为在过去五十年间,来自欧洲大陆(主要是法国和德国)的各种哲学思潮就曾多次席卷了英美学界。人们往往把这些思潮归为一类,并且不太确切地将其统称为"后现代主义",或者干脆称为"理论",在有些领域中,这类思潮甚至被视为徒有华丽辞藻的骗术。伴随这些思潮而来的是一批熟悉的名字,如:雅克·拉康(Jacques Lacan)、罗兰·巴特(Roland Barthes)、米歇尔·福柯(Michel Foucault)、雅克·德里达、露西·伊利格瑞(Luce Irigaray)、斯拉沃热·齐泽克、朱迪丝·巴特勒(Judith Butler)、马丁·海德格尔(Martin Heidegger)和布鲁诺·拉图尔等——其中海德格尔和拉图尔是我最欣赏的。这些思潮中有不少都主张实在是由语言"建构"而成的,相形之下,OOO是一种直截了当的实在论哲学。这至少意味着,OOO认为外部世界独立于人的意识而存在。虽然这个常识般的观点看上去如此地乏味,但它与一个世纪以来欧陆哲学的趋势截然相反,更令人惊讶的是,它会指向不合常识的方向。

即便是第一次接触OOO的读者,或许也已经对诸如C++或Java这些"object-oriented"*的计算机语言有所耳闻了吧。为了避免混淆,我在此要作个澄清,这两者之间并没有本质联系:OOO仅仅是借用了计算机科学中"object-oriented"这个词,它本身并不是由该领域的发展所驱动的。或许某个计算机专家有能力在OOO与面向对象的编程之间做个详细的比较,但至少目前来说,这并非必要的做法,因为

---

* 计算机科学中译为"面向对象"。——编者注

OOO无非是从计算机科学中借用了"object-oriented"这几个字,该理论的思路并不是受后者具体意涵的启发而来的。虽然如此,计算机科学和哲学中的"object-oriented"概念,还是有重要的共同点的。用早期计算机语言编写的程序是系统性和整体性的实体(entity),也就是说,它的各部分被整合为一个统一体,面向对象的程序则使用了独立的编程"对象"(object),对象之间可以相互作用,而各对象的内部信息对于其他对象则是隐藏的(或者说是"被封装的")。由于各部分具有独立性,我们无需每次都从头来编写程序,因为我们可以利用已经在别处(为其他目的)写好的编程对象,无需变动这些对象的内部结构,只要将其放到新的编程语境中即可;换句话说,我们不再每次从头编写程序,而只需以不同的方式组合各个对象,就能为新的目的创造出新的程序集——也就是通过不同的组合来进行再利用,从而创造出新用途。在此要强调一个事实:这些对象不仅对用户不透明,它们对于彼此也是不透明的,之所以要强调这点,是因为在西方哲学的历史中,这是一个很陌生的观念。千百年来,不少思想家曾主张我们终究无法认知真实的事物:例如康德的"物自体"、海德格尔的"存在"以及拉康的"实在"(Real),它们只是这股思想史潮流中的三个著名例子。OOO之所以有别于这些思潮——却与面向对象的编程相似——就在于它主张:就如同对象不与人的心灵直接接触一样,对象之间也从来没有完全的接触。而大多数指责OOO缺乏原创性的人，恰恰忽略了这个关键论点。由于OOO坚持对象之间"彼此的晦暗状态"（mutual darkness），这使它能够对抗当下的整体主义哲学风潮，后者认为：一切事物都完全由关系所定义，世界无非是由这些关系的总和所构成的体系。与这些理论相反，OOO主张一切物（object）——无论是真实的还是虚构的，自然的还是人造的，也无论是人类还是非人类——相互间都具有自主性，只有在特殊情形下，它们才会彼此建立关系。我们不能一开始就假定这些特殊情形，而是要对其给出解释。用更学术化的说法就是：一切物彼此都是"退离的"（withdrawn），这个词来自海德格尔（1889—1976）。[12]与惯常的假定相反，物与物之间无法直接接触，它们的接触需以某种第三项或中介为前提。

简述了OOO中"object-oriented"的部分之后，现在让我们看看它名称中的第三个"O"，这个"O"指的是本体论（ontology）。在此，先前的借用关系被倒了过来：虽然哲学从计算机科学那里借用了"面向对象"这个说法，但"本体论"一词则是计算机科学从哲学中借用的。在哲学中，"本体论"与"形而上学"（metaphysics）这两个词是如此近似，以至不少学者（包括我在内）视其为同义词。它们都指研究实在物本身之结构的那部分哲学领域，这是相对于诸如伦理学、政治哲学或艺术哲学这些有着更具体对象的哲学领域而言的。根据目前广泛认定的历史,"形而上学"一词是由亚里士多德(Aristotle,前384—前322)著作的古代编者首创的。亚里士多德是为自然科学和哲学奠定基础的伟大思想家,他在《物理学》(*Physics*)一书中细致地描述了自然界的运作。但在《物理学》之外,亚里士多德还写了另一部作品,它研究的是超出了自然界的哲学问题,例如:个别物(或"实体"[substance])如何能承载它们变化着的"质"(quality,或"偶性"[accidents]),或者神在宇宙的结构中起着什么作用,等等。据说,当年亚里士多德著作的编者不知道如何为这部分著作命名,就直接把它们编排在了《物理学》的后面,于是这部分著作就被称为"Metaphysics",字面上就是"《物理学》之后"的意思。而在古希腊语中,"meta-"这个前缀也有"超越"的意思,因此"metaphysics"(形而上学)便被普遍认为是"超越"了物理世界的学科。在海德格尔和德里达(1930—2004)以来的欧洲大陆哲学传统中,"形而上学"有着强烈的负面色彩,欧陆的思想家往往用这个词指责他们的对手,认为那些人仍然用柏拉图以来西方哲学那种典型的幼稚态度探讨问题。至于"本体论"(ontology)一词,尽管有学者不辞辛劳地仔细分析了希腊语中 *ontos* 与 *logos* 的微妙含义,但至少就我们的目的而言,可以简单地认为本体论指的就是"对存在的研究"。按这个理解,可以说本体论其实早就在希腊哲学中出现了,它在印度甚至出现得更早。虽然如此,"本体论"这个词本身则直到1613年才被发明出来,在哲学这门源远流长的学科中,这算是很晚近的事。与"形而上学"不同,"本体论"大体上是个正面的词,人们认为它比"形而上学"更严谨一些,并且不具有历史形成的神秘色彩。不过在本书和我的其他著作中,我并不打算遵循对"形而上学"的这种带贬义的用法,因为我认为没有理由因此毁掉一个源于古典哲学的有价值的术语。因此事实上,我在本书中将"形而上学"和"本体论"视作同义词而交替使用,这样做可以有效地避免多次重复一个词,从而不至于过早地令读者觉得枯燥无味。

当您读完本书的时候,我希望自己已经尽可能清晰地解释了OOO的基本概念,并且很好地传达了这种哲学风格之所以令人激动的理由。在写作本书时,我心中始终想着的榜样就是西格蒙德·弗洛伊德(Sigmund Freud)的《精神分析导论讲演》(*Introductory Lectures on Psycho-Analysis*),也就是弗洛伊德在第一次世界大战期间向维也纳的普通听众所作的系列演讲。无论我们如何看待弗洛伊德的心理学理论,在深入浅出地阐述观点方面,他实在是无可争议的大师,值得我们效仿和学习。在这部文字精炼的入门书籍中,弗洛伊德首先解释了口误现象,接着谈到梦的解释,而后才引入了他的神经官能症理论。我打算在本书中采用类似的方法,我将首先谈谈OOO最简单的方面,而后逐步深入到更复杂的细节。

第一章（"新万物理论"）引入了物的概念，根据OOO，物有且仅有两种类型：实在物与感觉物。我还将谈谈在OOO看来，自笛卡尔（Descartes，1596—1650）尤其是康德（Kant，1724—1804）以来的近现代哲学究竟出了什么问题——尽管在某个方面，康德恰恰是OOO的重要先驱之一。

第二章（"审美是一切哲学的根源"）解释了为什么与通常所认为的不同，哲学与科学的共同点要少于它与艺术的共同点。这一章，我们将谈到隐喻（metaphor）在认知上的关键作用。哲学家往往把那些不着边际的命题式陈述当作理论的范例，例如："猫在垫子上"、"黄金是黄色的金属"或者"水在100摄氏度会沸腾"等等，但在我看来，隐喻对于哲学是更为重要的。

第三章（"社会与政治"）讨论了OOO在这些领域的一部分理论成果。我对拉图尔的行动者-网络理论（actor-network theory）作了解释，因为虽然OOO在社会理论方面与该理论差异很大，但它也赞同后者在政治上的许多结论。[13]就社会理论而言，OOO更感兴趣的是事物的内在性质而非它们的行动，OOO认为：一个物在发展、成熟、衰落和死亡的过程中，往往只会遭遇寥寥几个重要的事件。在政治上，OOO则要避免法国大革命以来的那种左/右两级分化的政治话语，相反，它关注的是真理政治（truth politics）与权力政治（power politics）的差异，并认为两者都需要被取而代之。

此外，该理论也赞同行动者-网络理论的这样一个发现，即：非人的实体在维系人类城邦的稳定上起着重要作用。

在第四章（"间接关系"）里，我说明了为什么日常中似乎最显而易见的物之间的相互作用，要比看上去的更模糊和反常。虽然对此问题的严肃讨论有着悠久的传统：先是中世纪和近代的阿拉伯及欧洲的偶因论者（Occasionalists），而后是康德与苏格兰哲学家大卫·休谟（David Hume，1711—1776），但他们的论述并不完全清晰。我认为：关于因果关系的运作，这些著名思想家都作了同样一个错误的假定。这个观点把我们带入了物的四重结构的讨论，这种结构正是OOO方法论上的一个支柱。此外，本章还将追问：既然OOO拒绝了字面主义（literalism）以及与实在的直接接触，那么知识还剩下什么？由于我在本书第二章已经表明哲学更接近艺术而非科学，因此有人或许会反对（也许已经提出了反对）说：OOO把哲学"审美化"了，它对任何真正知识的可能性都持怀疑态度。但我要指出的是，OOO并不反对知识本身，而只是反对作为实在本身的直接在场的知识观。

第五章（"物导向本体论及其竞争对手"）对OOO作了进一步厘清。我将指出了OOO的物理论与德里达、福柯理论之间的区别——后两者或许是近半个世纪以来最重量级的两位法国思想家：德里达和福柯都没能像OOO这样给予物以如此高的重视。

第六章（"物导向本体论的不同路径"）讨论了三位曾经用过或至今仍然在用 OOO 的语汇开展研究的关键人物：伊恩·博格斯特、列维·布莱恩特以及蒂莫西·默顿。此外还介绍了简·贝内特（Jane Bennett）和特里斯坦·加西亚（Tristan Garcia）这两位同路人[14]，虽然他们未必完全赞同 OOO 的前提和方法，但其立场是很接近 OOO 的。最后，我还将简要谈谈几位青年建筑师和建筑理论家的作品，这些作品令人信服地论述了 OOO 在建筑学领域的影响，他们是：马克·盖奇、埃里克·盖诺尤（Erik Ghenoiu）、戴维·鲁伊（David Ruy）以及汤姆·韦斯康姆（Tom Wiscombe）。[15]

第七章（"物导向本体论综述"）作为本书的结尾，总结了这场运动的一些最重要的指导原则。

我希望通过写作本书实现两个目标。其一，我希望每位读者在读完本书后都能对 OOO 有个大体的理解，即便这种理解未必会像该领域富有经验的专家那样透彻。其二，我希望让阅读本书成为尽可能愉悦的体验。一直以来，我都认为，既然我们能够读的书是如此之多，而除了阅读之外，我们能够做的事也是如此之多，因此作者应当努力使书中的主题显得比其他所有的事情都更有趣才对。让家中聚会的客人厌烦无聊，那实在丢面子，同样，既然千千万万的读者们出于信任而在这本书上投入了时间和金钱，我更加不愿使他们觉得枯燥乏味。

最后，我要向企鹅出版社的阿南达·佩尔兰（Ananda Pellerin）和托马斯·佩恩（Thomas Penn）表示感谢，是他们共同说服我开始本书的写作。企鹅出版社的简·伯塞尔（Jane Birdsell）改正了书稿中的数十处错误（这令我惊讶不已），并对行文风格作了润色。在规划本书的篇章结构时，"鹈鹕丛书"中的一些已出版书籍令我获益良多，其中包括（但不仅限于）罗宾·邓巴（Robin Dunbar）的《人类的演化》（*Human Evolution*）以及张夏准（Ha-Joon Chang）的《经济学：用户手册》（*Economics: The User's Guide*）。本书的图表有助于读者理解内容，它们是由波特兰州立大学的荣休教授迈克尔·弗劳尔（Michael Flower）设计的，弗劳尔教授此前就曾在这方面给了我很大帮助。

第一章
CHAPTER 1

新万物理论

近几十年来，学术界恐怕没有哪个话题会比物理学中对所谓"万物理论"（theory of everything）的寻找更吸引公众目光了。哥伦比亚大学的物理学家布赖恩·格林（Brian Greene）是探寻该理论的知名学者之一。格林认为，在现有的理论中，目前被广为接受的"弦理论"（string theory）是解释物质构成和宇宙结构的最佳理论。正如他在一本畅销著作中所言："如果你……认为我们的最终目标应当是追求一种具有无限适用范围的理论，那么弦理论就是唯一的候选者。"[1]事实上，对于物理学统一理论的追寻，见证了人类历史上一些最重大的时刻。古代的先哲往往认为，与地上这些败坏堕落的事物相比，永恒的天体遵循着完全不同的物理规律。17世纪初，伽利略推翻了这个观点，并证明宇宙中万事万物都遵循同样的物理规律。在伽利略的基础上，艾萨克·牛顿1687年的著作《自然哲学的数学原理》（*Principia*）更是决定性地宣告了物理学的统一。在这部科学史上的划时代杰作中，牛顿证明了天体的运动与地面的自由落体都受同样一种力的支配：也就是我们今天所说的万有引力。到了19世纪60年代，詹姆斯·克拉克·麦克斯韦（James Clerk Maxwell）成功地统一了先前被认为完全不同的电力和磁力，并进一步推导出光和电磁波以相同的速度传播，使人们有理由认为光也是一类电磁波。20世纪初，量子力学把变化过程视作不连续的跃迁而非连续的增减，从而统一了热、光和原子运动等现象。最终，自然界的力被归结为四种，它们是：引力、电磁力、强核力（维系原子核的力）以及弱核力（导致放射性衰变的力）。1979年的诺贝尔物理学奖授予了物理学家谢尔顿·格拉肖（Sheldon Lee Glashow）、阿卜杜勒·萨拉姆（Abdus Salam）和斯蒂芬·温伯格（Steven Weinberg），以表彰他们提出的"电弱"（electroweak）力统一理论。大约与此同时，量子色动力学（quantum chromodynamics, QCD）则解释了强核力的机制。20世纪70年代中期，物理学界提出了粒子物理的标准模型，2012年，位于日内瓦的欧洲核子研究中心（CERN）成功发现了希格斯玻色子，这标志着标准模型已大体完成。剩下悬而未决的问题之一，就是它尚未把引力与电磁力和强弱核力统一起来。对"量子引力"理论的追寻一直持续到了今天，这方面的研究不仅发现了迄今难以解释的暗物质和暗能量，量子引力更被视作下一场物理学革命的触发器。

统一理论这个话题是如此激动人心，以至由物理学家撰写的相关科普读物已经俨然成了个小产业。格林的那本《宇宙的琴弦》(*The Elegant Universe*)就是这类书籍中的佼佼者。格林认为，"我们的最终目标应当是追求一种具有无限适用范围的理论"，对此我当然赞同，但我并不认为物理学——甚至广泛意义上的自然科学——是寻求这种统一理论的正确途径。在当前的学术气氛中，这个观点可以说是令人诧异的。在我看来，"具有无限适用范围的理论"只能在哲学中，尤其是在一种被称为"物导向本体论"(OOO)的哲学中找到。由于我不太确定格林是否真的认为物理学的统一理论同时也就是支配其他一切事物的理论（当然，不少物理学家的确常常显露出一种自豪感，认为物理学是凌驾于一切其他学科之上的），因而我在此不妨虚构一位名叫"布里亚娜·布朗"(Brianna Browne)的科学家，这位科学家明确地指出：从原则上说，物理学可以解释一切事物。尽管现代物理学的快速发展不啻为人类历史上最辉煌的篇章之一，但在我看来，物理学把太多的东西排除在外，因而它无法提供我们关于一切事物的理论。"布朗教授"声称物理学（特别是弦理论）具有无限的适用性，那么让我们首先看看这个主张背后都有哪些假定。

虽然弦理论并不是"万物理论"的唯一候选者，但它仍然是最被广泛接受的，而且在许多人眼中，它是最有希望的理论。弦理论的雏形早在20世纪60年代就已出现，但直到二十多年后才变得热门起来；1984年，当时正读高中的我第一次在报纸上看到了关于"超弦"（superstrings）的报道，至今记忆犹新。弦理论认为，物质不是爱因斯坦理论所假定的四维时空，而是由在十个维度上扭曲的、始终振动的一维弦组成。1995年，爱德华·威滕（Edward Witten）提出了称为"M-理论"的修正版弦理论，其中的总维度数更增加到了十一个。弦理论可以推导出许多堪称优美的数学和物理学结论，其中甚至包括对神秘莫测的量子引力的可能描述，这意味着我们可以用量子力学来解释引力，就如同前者已经成功地解释了电磁力与强、弱核力那样。然而进入21世纪以来，针对弦理论的反对观点开始出现，其中以物理学家李·斯莫林（Lee Smolin）和理查德·沃伊特（Richard Woit）为代表，他们那些批评弦理论的著作有着数量可观的读者。[2] 最常见的针对弦理论的指控或许就是：该理论无法被实验所证实，因此它无非是一种与物理没有直接关联的数学推演而已。它面临的另一个问题则是：数学上可行的弦理论数量是如此之多，我们没什么理由只选择其中某一种而摒弃其他的——除非是这样一个牵强的理由，即：我们要选取的必定是与已知宇宙的结构相适合的理论，不然我们压根就不可能存在，更别说争论这个问题了。这种推理方式被称为"人择原理"（anthropic principle），许多科学家认为它不值一提，另一些人则视其为关键的理智工具。最后，斯莫林还特别对弦理论在物理学研究生课程中近乎垄断的地位表达了担忧，在他看来，这意味着整个物理学界把所有的鸡蛋都放在了一个篮子里，而这个篮子恰恰是缺乏实验基础的。

为什么科学无法提供一种万物理论

让我们暂时把所有这些反对意见搁在一边，假定弦理论通过某些方式——克服了它们，再假定我们最终找到了合适的理由来选取某种弦理论而排除其他的，进一步假定某个科学家设计出了天才的实验，从而验证了弦理论的真实性。在这个情况下，弦理论就已经凌驾于其他理论之上了，因此那个虚构的科学家布朗认为弦理论是"万物理论的唯一候选者"的观点就是正确的；不止如此，弦理论还会变成教科书上的科学，就如同化学元素周期表和爱因斯坦的引力理论那样，它会成为一个基本的科学事实，并被教授给世界各地的学生。但我的看法是，即便在科学上最为乐观的情形中，弦理论仍然无法成为"万物理论"。之所以如此，是因为当布朗声称"弦理论具有无限的适用范围"时，她预设了四个错误的假定。以下就让我们看看这些假定：

第一个错误假定：一切存在物必定是物理的。一个成立的弦理论固然会涵盖关于物理事物之结构和运动的一切知识。然而，只有在"一切事物都是物理事物"这个前提下，弦理论才能成为"万物理论",而许多人恰恰并不认同这个前提。例如,尽管宗教在欧洲的影响力已经远不如前,但它在美国仍然有可观的号召力,在世界上其他一些地方更是如此。几乎所有的宗教信徒都信奉着某种非物质性的神或灵魂。此外,即便在不信仰宗教的人群中,也有相当一部分相信幽灵或灵魂的存在。比如在西方世界的大多数老城镇中,"幽灵之旅"(ghost tours)往往成为当地旅游业的重要支柱。所谓"幽灵之旅",就是带游客走访那些悬而未破的谋杀案或虐杀案的发生地,并在现场向其讲述耸人听闻的、带有超自然色彩的案件经过。此外,几乎在任何一个国家,都会有被认为是闹鬼的独特建筑物:例如在美国特别出名的就是位于俄克拉荷马城的斯科文希尔顿饭店(Skirvin Hilton Hotel),几位 NBA 篮球选手曾讲述过在那里过夜的恐怖经历。[3] 在更文雅的圈子中,荣格心理学也有类似的特点,这种理论主张所有人类都共享着一种无意识、非物质性的原型(archetype)。[4] 可以想象,我们的布朗教授或许会把所有这些观点视作不讲科学的胡言乱语。她会宣称说:"万物理论"并不需要包括所有这些毫无意义的话语——即便有些易受骗的人认为它们实际存在——万物理论只包括有理性和讲科学的人所知道的实际存在的东西:那就是物理和物质意义上的宇宙。而那些相信宗教、幽灵或荣格原型的人则会反唇相讥,例如他们会说布朗教授思想狭隘,甚至诅咒她下地狱。在这相互指责的论战中,争论双方已经失去了共同讨论的基础。由此可见，人们在精神生活中倾向于聚集成观念近似的小团体并不完全是件坏事，因为正是在这些团体中，人们才有可能通过与同伴的讨论深化自己的想法，而不至于陷入和众多反对者无止尽的争吵。尽管并不信服荣格心理学，但我确实时不时会阅读荣格的一些著作，我觉得他的观点能开阔我的想象力。假如在某个可能世界里，荣格的著作被理性警察审查和销毁，或者受到公众舆论的妖魔化，那么我肯定不愿生活其中。当然，就我的经验而言，可以说相当一部分哲学家当初之所以选择了哲学，恰恰主要是因为他们颇为享受消灭他人非理性幻想的那种感觉。但是我本人从来就不太喜欢和这类哲学家相处，而究竟哪些关于这个世界的观点才是"理性"的，对这一问题我也从未像他们那般独断。

但不妨假设我们赞同布里亚娜·布朗的怀疑态度，并且和她一样不相信任何神、灵魂、幽灵、精气、无意识的原型以及任何被认为是非物质的实体。然而，即便我们几乎全盘接受了布朗的观点，即便我们假定弦理论受到最不容置疑的证据的支持，我还是不认为这个备受赞誉的理论就能成为"万物理论"。因为我们完全可以想出许多事物，这些事物虽然不是物理的，但它们几乎肯定是实在的。2016年，我写了一本题为《非物质主义》(*Immaterialism*)的书，整本书的后半部分用于讨论荷属东印度公司（VOC）。虽然我们往往会假定荷属东印度公司是个物质实体，但如果我们不是一开始就向唯物主义立场妥协，而是对其提出一些质疑的话，我们就会发现这个观点是很难站得住脚的。首先，物质实体总是存在于某处的，但我们却完全不清楚 VOC 究竟位于何处。它当然不位于其总部所在的阿姆斯特丹，因为 VOC 的大多数业务都在东南亚；VOC 由长期派驻海外的独立总督负责，必要时可以不用请示荷兰的股东而做出决策。在物理意义上，VOC 也不位于其亚洲地区的首府雅加达（当时称"巴塔维亚"[Batavia]），因为在任何时候，VOC 都只有一小部分商船和雇员驻扎在那里，而且 VOC 制定的规则在其领地的各个据点都同样有效力。无论如何，与夸克、电子或振动着的细微弦线不同，荷属东印度公司显然不是位于固定或半固定的某个地方的物质事物。此外，从 1602 年创立到 1795 年解散，VOC 存在了近两个世纪，没有人（也许也没有任何船只）能够在这么长的时期里作为该公司要素而持续存在。出于上述理由，我们可以认为，无论 VOC 在形态上多么复杂，它都不是一件物质，而只能被视作一个持存了大约 193 年的形式，该形式的物质构成是不断变动的。这让我们想起忒修斯之船（the Ship of Theseus）的古老悖论：如果我们逐一（或突然一下子）替换掉一艘船上的所有材料，那么船还会是原来的船吗？而如果我们用船上拆下的旧材料重新组装成另一艘船，结论又会如何？我在此并不打算深入探讨这个悖论和它悠久的历史，我只想强调一点：VOC的例子告诉我们，较大的物无法被还原为组成它的物质成分之总和。荷属东印度公司不仅仅是位于不同时空位置的原子和弦的组合，相反，即便这些微小的要素变动或消失，VOC在很大程度上仍然能够通过换用其他的要素而持存下来。

第二个错误假定：一切存在物必定是基本和简单的。针对上文的看法，布朗教授会回答说我们完全弄错了要点。诚然，即便替换了组成成分，VOC或忒修斯之船还是可以持存，但倘若我们拿走组成它们的一切物质，它们就完全无法存在了。想象一下，如果VOC只是不断丢掉原子而不从别处获得原子，那么随着时间流逝，VOC所有的船只、货物和雇员有朝一日都会消失不见。于是布朗会说，她从来就没有主张不存在"高阶"（higher-order）物，这些物似乎可在其组成成分不断变化的情况下仍然持存。她主张的无非是：这些物总是要由某些物质组成，尽管我们往往不太会追究VOC总督大脑中有哪些氢原子。除此之外，布朗教授还会进一步指出，在VOC存在的近两个世纪中，我们其实只是在很不严格的意义上说它是"同样"的一家公司。由于VOC在这段时间里经历了如此多的变化，因此称它仍然是同一家公司是很不严谨的说法，当然，普通人甚至历史学家往往都会容忍这类不严谨的说法，毕竟他们缺乏自然科学家所具备的那种严格的精确性。我们或许可以在很不清晰的意义上认为VOC的旗帜、规章和口号在其整个生命周期里都是"相同"的，我们或许也能无伤大雅地假定巴塔维亚、万丹（Banten）和马六甲（Malacca）这些港口在 1650 年和 1750 年间是"相同"的。但归根结底——布朗教授会接着论证道——唯一不变的只有那些微小、持久且没有内部结构的根本性事物：比如弦理论中的弦。

然而正是在此，布朗陷入了山姆·科尔曼（Sam Coleman）所说的"微小主义"（smallism）谬误，布朗错误地认为在任何情况下，组成任何事物的实在要素，都只能是该事物所能被分解成的最小成分。[5] 我们周遭的中等和较大的物（从茶杯、桌子、花朵到摩天大楼和大象）似乎各自有着不同的特征，但在布朗看来，这些较大的物的属性归根结底是由组成它们的成分的属性决定的；毕竟，如果没有那些微小的成分，较大的物是不可能存在的。这个论证的问题在于，它忽略了一种被称为涌现（emergence）的现象，也就是说，伴随着若干较小的物结合成一个新物的过程，可能会出现某些全新的属性。[6] 涌现现象在我们生活中随处可见。例如，一年夏天我和高中时的一位朋友注意到，女生走路时通常都是三人一组，而男生则几乎总是一人独行或两人一组。我们对此困惑不解，直到那个朋友忽然顿悟般地说道："三个男生就成帮派了。"我觉得他这番话的意思是：只要三个男生走到一起，谈话的气氛就会变得不太友善，因此通常情形下人们会微妙地避免出现这种状况。如果这个观察是正确的，那么当三个男生走到一起时，一种模糊的"类帮派威胁"的属性就涌现出来了，这个属性既不出现在两个男生的中间，也不会出现在三个女生中间。再比如，土耳其的首都安卡拉有450万居民，但安卡拉显然不仅仅是450万人的集合。首先，这座城市需要有一些无生命的实体：如果安卡拉的450万居民只是一丝不挂地站在那儿，这座城市是不可能存在的。其次，安卡拉还有一些涌现出的结构，这些结构属于城市整体而不属于个人，例如婚姻、家庭、俱乐部、职业、政党等等，其中自然也包括在各年龄层人群中通行的土耳其俚语。

科学中也是如此，让我们以有机化学为例：一切有机化合物都含有碳元素，但世界上有数百万种有机化合物，每一种都有其独特的性质。有时，涌现论的支持者们会走得太远，例如，他们会作出不必要的断言，认为我们"不可能"从碳的特征中"预测出"有机化合物的性质。但是借助量子化学，我们的确可以在实际合成某种高分子之前预测出它会有怎样的性质。不过，可预测性在此并不是重点，因为即便我们可以通过物理成分预测出所有较大实体的性质，这种预测的能力也不会改变一个事实，即：较大的实体实际上拥有涌现属性，这些属性无法在其组成部分中找到。在我们的生活中，这也是再清楚不过的。想象一下，一对情侣就要结婚了，但所有的朋友都事先知道他们的婚姻会是一场灾难。假定这对情侣的朋友完全正确，假定他们的婚姻不仅会失败，而且其失败的方式和时机也完全吻合朋友的预测。需要注意的是，对婚姻失败的成功预测并不意味着婚姻就仅仅是两个结婚的既存个体之和。换言之，虽然某个物由若干部分构成（例如一对夫妻），但此物所具有的那种涌现实在性（reality）并不取决于我们是否可以预测该对象最终如何。涌现并不要求神秘的结果，它所要求的仅仅是：这对夫妻共同具备了某种性质，而如果把他们分开视作两个单独个体，我们就无法找到这些性质。即使他们朋友对婚姻的预测完全错误，即使这对夫妻最终白头偕老，那也不会改变婚姻的涌现实在性：因为问题的关键在于，婚姻作为一种基于两个个体之上的涌现物的存在，与我们可否预测婚姻的成功或失败完全无关。

另一个偏见在哲学史上影响深远，那就是认为只有自然的东西才是真正存在的。博学的德意志哲学家莱布尼茨（G. W. Leibniz，1646—1716）就是这种思想的代表人物，他严格区分了"实体"（substances）和"积聚物"（aggregates）。实体是简单的、类似灵魂的东西（莱布尼茨称其为"单子"[monads]），一切实体都是在太初由上帝创造的。[7]相反，积聚物则是诸如机器、粘在一起的钻石，或是手牵手围成一圈的人们之类的东西。莱布尼茨认为，实体只能自然存在而无法人为制造，积聚物则无非是真正实体的可笑替代物而已。OOO反对这个观点，因为如果原子或振动着的弦可以被视作统一的物，那么机器与荷属东印度公司（那正是莱布尼茨所嘲弄的例子）同样也可以是统一的物。简言之，就如同是否微小或者是否简单一样，是否自然形成也不足以作为判定一个事物是不是物的标准。而至于物的真正判定标准，我们将在本章的末尾论及。

第三个错误假定：一切存在物必定是实在的。柯南道尔笔下的侦探歇洛克·福尔摩斯显然是历史上最伟大的虚构人物之一。在构思《福尔摩斯探案集》时，柯南道尔为福尔摩斯安排了一个位于伦敦真实街道上的虚构住址：贝克街221号B。但不承想，后来这条叫作"贝克街"的道路真的延长到了两百多号，于是小说中福尔摩斯和华生医生的虚构住址就被包括到了真实的住址中。事实上，贝克街上就曾有两栋楼房先后宣称自己是福尔摩斯和华生的"真正"故居。据说，不少福尔摩斯迷纷纷造访当前的贝克街221号B，如今这个地方已经是礼品店兼博物馆了，显然这是利用了人们把福尔摩斯当成真实历史人物的误解。听我重述这件事的时候，你们或许会觉得这些游客天真得有些可笑。但他们的无知中也蕴含着些许真理：侦探福尔摩斯这个人物是如此受人喜欢，如此令人印象深刻，我们很容易想象他就在贝克街的家中休息，我们还能想象他处在柯南道尔小说中并未涵盖的场景中（正如在近来的一部电视剧中，由本尼迪克特·康伯巴奇扮演的福尔摩斯就生活在当代的伦敦）。这就把我们带到了针对弦理论的第三个反对意见：由于福尔摩斯是虚构的人物，他不可能由弦或任何其他物质构成，因此一个成立的弦理论不可能告诉我们歇洛克·福尔摩斯的任何情况，而光凭这一点就足以撤销它"万物理论"的称号了。

我们甚至无需用小说或电影中著名的虚构人物作例子，因为日常生活中就始终充盈着各种虚构物。例如，我们感知到的任何实在的橙子或柠檬，都已然经过了人类大脑和感官的转译，它们只是对世界中那个实在的柑橘类物的某种高度简化。类似地，狗或蚊子所感知的橙子和柠檬，也已经被它们各自的感觉和神经器官转译成了独特的经验类型，而人类的感知并不比狗或蚊子的感知更能把握实在的橙子和柠檬。在这个意义上，我们经验到的所有物都无非是虚构而已：它们是对那些极为复杂的物的某种简化模型，而无论当我转过头去，还是当我睡着或是死亡之后，那些物都是持续存在的。就像任何物理学基础理论一样，能够成立的弦理论旨在发现真实的物理实体，发现虚构实体则全然不是它的目标。用一套物理学基础理论来解释所有中等或较大的涌现实体（在此我把"实体"作为"物"和"事物"的同义词），这已经够难以想象了，而要让一套弦理论来解释文学和日常生活中的所有虚构物则更是难上加难，毕竟，后者是自然科学鲜少涉足的。这并不是一件小事，因为虚构不仅是人类经验不可分割的一部分，更普遍的意义上，它也是动物生命中不可分割的一部分。除了前面给出的这些例子之外，我们时常还会为那些从来不会发生或完全不可能发生的事而忧心忡忡；我们会对自身的能力产生幻觉，于是常常高估或低估自己；我们生活的很大一部分是在夜晚的睡梦中度过的，尽管近年来不乏对精神分析学的批评，但是否可以通过纯粹化学或神经科学的方法来理解梦境，还是相当令人怀疑。此外更不用说我们的娱乐媒介了——不但恶龙、隐身指环和袭击地球的外星人是其中的常客，电影中的角色也只能存在两个小时就彻底从宇宙消失。对我们中的许多人而言，贝多芬和毕加索这样的艺术巨匠，其重要性丝毫不逊于牛顿和爱因斯坦这些科学天才，尽管后者讨论的是光、月球这些不可否认的实在物，而前者则致力于创造纯粹的虚构物。因此，如果一个"万物理论"完全否认虚构物的实在性或者对其视而不见的话，那么仅凭这个事实本身，我们就不能认为这个理论是涵盖万物的。

第四个错误假定：一切存在物都必定能用字面的（literal）命题式语言加以准确陈述。我在下面给出了几个科学陈述，它们是从我房间书架上的三本科学书籍中随机选取的：

1. "有些氢原子能够摆脱地球的引力，逃逸到太空，[而]有些陨石物质则会来到地球（平均每天约44吨）……"[8]
2. "正如薛定谔所指出的，如果用 M 表示一只猫，R 有两个可能的值……且衰变的事件会触发某个设备杀死这只猫,那么根据通常的解释,在测量引发的反应之后,这只猫就是既不死也不生。"[9]

3. "对于所有其他这些冷、热、酸、碱和电流等等干涉,[那个铃铛]的反应与其他金属物品并无不同。但我们知道……肌肉的反应则完全不同。它对于所有的外来干涉都只有一种反应发生:那就是收缩。"[10]

上面这些陈述有着令人赞赏的形式,我们希望它们传达的是真理,但每个科学家都知道,许多陈述当初看似无懈可击,但在新的证据面前,它们不是被大幅修改,就是被完全推翻。而且,这种陈述并非只有科学才会做出。我可以轻易从书架上的其他书中找到这样的句子:"但默啜(Mo-Ch'o)已经年迈,突厥人开始厌恶他的残忍和暴政。不少酋长向中国提出结盟,克鲁伦河上游的拔也固(Bayirku)部落也发动了叛乱。"[11] 又或者:"此时,威尼斯也已经成了意大利的学术中心。"[12] 任何受过中学教育的人都可以清晰地理解这些陈述。当然,即便在与学术无关的场合,我们也常常给出这类陈述。例如,我们很可能会说:"莱斯特城队夺得2016年的英超冠军,震惊体坛。"又或者,我收到了太太发来的短信(她是在大学任教的食品科学家),要我购买几件食品给她在感官分析课上使用,她会说:"要在11点前买好以下这些东西:一袋原味奥利奥饼干、2升饮用水、一箱带果肉的佛罗里达天然原味橙汁。"以上所有这些例子都属于直接传达信息的字面陈述（literal statement）。我们因此很容易做出假定，即认为如果我们不能在准确的成句的陈述中指称某事物，并在字面意义上表达其属性的话，那么该事物就不可能是实在的。与字面意义陈述相对的，要么是含糊不清的隐喻，要么就是没有信息量的纯粹否定陈述。

美国哲学家丹尼尔·丹尼特（Daniel Dennett）正是这个意义上的字面主义者（literalist）。丹尼特对品酒这个行为的讥讽使我感到既好笑又震惊。他是这样写的：

> 加洛兄弟是否能用机器替代人类品酒师呢？……只要把酒样品倒入漏斗，系统就会在几分钟或几小时内分析出酒的化学成分，并且给出这样的评价："浓郁而丝滑的皮诺葡萄酒，但缺乏持久的回味"——或者类似的话……但**显然**[注意丹尼特在此的反讽]，无论这个系统变得如何"敏感"或"有辨别力"，它永远不会拥有和享受到**我们**品尝美酒时的体验：也就是那种有意识经验的感受质（qualia）……如果你也有这种直觉，那么你就会觉得存在这类质素，而那正是我努力要清除掉的。[13]

总而言之，丹尼特认为"化学成分分析"就足以在字面上充分地表达葡萄酒了,但他给那台假想的机器加上了富有诗意的讽刺评论,为此不惜失去那些不同意此观点的读者。尽管如此,丹尼特也坚持认为:我们对酒并不存在一种独特的有意识经验,能够用比喻的修辞将其称为"浓郁而丝滑的皮诺葡萄酒"。在OOO看来,丹尼特在这一点上是错误的,这不仅是由于人类所体验的酒的味道显然无法用任何字面描述加以精确表达,而且是由于,OOO认为,字面意义的语言永远是一种高度的简化,因为它总是用固定的字面属性来描述事物,而物从来都不仅仅是一束束字面属性(尽管休谟反对这点)。因此,非但化学成分分析无法替代人类品酒时的经验,而且它甚至无法给出酒的物理-化学结构。后面这个论断似乎有些令人惊讶,因为自然科学一般被视作我们时代的最终上诉法庭,就如同教会是中世纪的最终仲裁者一样。但我将会在本书的各章中逐步论述这个反字面主义的主张。这部分论述将以海德格尔的哲学著作为基础,在他看来,诗意的语言要优先于字面意义的语言——尽管不得不承认,海德格尔的论述有时不免带着黑森林地区农民的刻奇(kitsch),而且他极端的反科学观点也显得不太必要。[14] 因此,虽然我的论述方式与海德格尔不尽相同,但我很赞同他理论的主旨,那就是:我们无法直接触及事物的实在性,它总是退离(withdrawn)或是被遮蔽,因此任何试图通过直接或字面的语言来把握实在性的努力都不免要失败。在这个意义上,海德格尔无非是深化了亚里士多德在《形而上学》中的那个古老的主张：个别事物无法被定义，因为事物总是具体的，而定义却由共相（universals）构成。[15]

对物理主义、微小主义、反虚构主义以及字面主义的反驳

然而，对于万物理论的渴望不是自然科学所独有的。近年来，经济学越来越被视作一门无所不能的社会科学，甚至因此招致了学术界的不少挞伐。但需要注意的是，即便我们可以把所有的社会科学都归到经济学名下，经济学家显然也无法用他们的专业来解释恒星的形成或者DNA在微生物演化中的作用。因此经济学家就比物理学家逊色一等了，后者至少可以坚称（尽管我们此前提到了这种看法的失败）：如果不存在任何物质，那么经济学根本不可能存在。此外，精神分析学家有时也自视为人文科学的大师，因为他们可以解释思想和行为中隐藏不为人知的部分。但是同样，尽管我对弗洛伊德、拉康以及其他许多精神分析学者甚为敬佩，但精神分析学并不能解释人类文化范围之外的许多事物，事实上，它几乎完全没有涉及无生命的自然界。因此，要想从任何人文科学中寻求万物理论，唯一的途径就是主张一种社会建构主义（social constructionism），并试图把自然科学还原到纯粹的社会-语言层面，或者还原为某种权力斗争现象。然而这种激

进的社会建构主义思潮已经渐渐消退,而且我们没有理由为它的逝去感到惋惜。

布朗教授主张弦理论能够成为一种万物理论,无论如何,通过分析这个主张所面临的各种问题,我们知道了真正的万物理论应当要避免哪些东西。这类理论所面临的四个陷阱分别是:物理主义(physicalism)、微小主义(smallism)、反虚构主义(anti-fictionalism)以及字面主义(literalism)。OOO的主要优势正在于它完美规避了这些思想上的谬误。对于物导向的思想家而言,物理的物只不过是多种物的一类而已,因此我们不应草率地反对或"消除"那些不太符合严格唯物主义世界观的东西。哲学不是宗教的婢女,同样,它也不是唯物主义的婢女。针对微小主义的观点,物导向的思路主张:物在多个不同的尺度上存在,既包括电子、分子,也包括荷属东印度公司乃至整个银河系。许多事物的确是错综复杂、尺度庞大,但这并不意味着它们的实在性就低于其组成部分。接下来,我们不应仓促地要消除虚构物的实在性,因为任何真正意义上的哲学都不可能不给这些物某些肯定性的论述。要知道,我在此所说的"虚构",并不仅仅指歇洛克·福尔摩斯和爱玛·伍德豪斯这些著名的虚构人物,而是涵盖了像房子和铁锤这类我们似乎天天直接面对的东西。我们无法直接地和实在的房子和铁锤打交道,我们对这些东西的感知只是对它们的一种高度简化。最后,OOO是反对字面主义的,因为任何字面描述、字面感知，或是与事物的字面意义上的因果互动，都不能直接把事物给予我们，它们只是对事物的转译。因此在某种意义上，以间接或侧面方式和实在打交道，要比任何试图获取其字面信息的做法都更加明智。

还要再重复一次：我们坚持认为万物理论必须避免陷入物理主义、微小主义和字面主义，同时还需接受虚构物的存在。有人或许要问：这样的话，我们不是恰恰采取了与我们的批评对象一样的自负态度了吗？并非如此。这就如同我们不能说地球仪比平面地图更为"自负"。绘制地图的人固然会为地图的准确、清晰和细致而自豪，但他仍然知道：如果要展示不同的局部地图之间关系的话，地球仪是比地图更好的选择。当然了，由于OOO并不是要给出一个地球仪，而是要给出一个同时适用于真实世界和虚构世界的模型，因此我们需要把这个比喻扩展一下。用美国哲学家威尔弗里德·塞拉斯（Wilfrid Sellars）的话说："抽象地说，哲学的目标就在于：理解尽可能广泛意义上的事物如何在尽可能广泛的意义上结合起来。"[16] 我们可以暂且接受这个定义，但我有所保留的地方在于，对于OOO而言，哲学更重要的目标是解释，为什么尽可能广泛意义上的事物并不能在尽可能广泛的意义上结合起来，也就是说，为什么尽管事物之间有着各种相互作用，但它们各自都保持着一定程度的自主性。

哲学史中的向下还原

我一开始主张 OOO 是个涵盖一切的理论，但后来又说这种理论必定是关于物的，对此或许有读者已经在心里默默抗议了吧：难道一切事物都是物吗？甚至我亲密的同事、坚定的实在论哲学家曼纽尔·德兰达（Manuel DeLanda）都曾为此提醒说："我不太清楚为什么哈曼对于物如此坚持。我不否认物的存在……我只是觉得一个全面的、基于实在论的本体论必须包含物和事件，而一系列的事件则可以称之为过程。"[17] 除了物和事件之间的对立之外，"物"这个词似乎也暗示了一类硬质、坚固而耐久的实体，这显然不是世界上所仅有的东西。另外，海德格尔不是已经表明，"物（object）"这个词指的恰恰就是心灵与技术对于世界的那种不适当的对象化（objectification）吗？而这不正是海德格尔倾向于用"事物"（thing）而非"物"的原因吗？[18] 面对这些诘难，我想恳请读者允许我对 OOO 为什么坚持用"物"作一番简短的辩护。我打算按倒序逐一反驳上述质疑，并将在中途稍事停顿，以便为物在西方哲学中的地位做出更普遍意义上的辩护。

首先要指出的是，哲学家往往会修改哲学史上流传下来的传统术语的意义。有时他们赋予一个术语比通常更宽泛的意义，有时他们则使术语变得更加具体。例如，前文曾提到，我倾向于把"本体论"和"形而上学"视作同义词，因为我认为区分二者并没有带来多少好处，而将其视作同义词却有颇大的助益。海德格尔并不同意这一点。至少在早年的著作中，海德格尔在正面意义上使用"本体论"一词，但他一般而言反对"形而上学"这个词，甚至认为它是西方文明陷入困境的症结所在。海德格尔对于"物"和"事物"的使用也与此类似。他用"事物"这个词来指那些超越了自身的任何虚假对象化的、独立的隐藏之物。但他对于"物"的使用则是负面的：当事物被还原到我们的感知或我们对它的使用时，它就成了物。海德格尔这么做当然是他的自由，只是我并不觉得我们就应当效仿他的做法。"物"是个极为清晰而又不乏灵活性的词，因此它应当被保留下来。更重要的是，我关于物的讨论受海德格尔的影响并不大，我所受的启发主要来自海德格尔之前的几位奥地利和波兰哲学家——例如弗朗茨·布伦塔诺（Franz Brentano）、卡济梅尔兹·塔多斯基（Kazimierz Twardowski）、埃德蒙德·胡塞尔（Edmund Husserl）和亚历克修斯·迈农（Alexius Meinong）[19]，他们几乎都在与OOO同样宽泛的意义上使用"物"一词。

第二个质疑认为，"物"一词暗示着一类坚硬而耐久的无生命实体，因此这个概念过于狭窄，不能涵盖所有稍纵即逝的东西，例如朝生暮死的昆虫、日出日落，或者那给生活带来独特价值的偶遇。对此我的回答是：OOO中的"物"是在一个非常广的意义上说的，凡是无法被整个还原到自身组成部分或自身在其他事物中的效应的东西，都可被视为物。这个定义的第一个要点——亦即物无法被还原为其组成部分——在哲学家看来并不新鲜；而它的第二个要点虽然同样重要，但较少被论及。例如，像海德格尔那样的哲学家往往会不假思索地断言说，一柄铁锤无法被向下还原为构成它的原子和分子，但他很可能会主张，我们可以通过某种方法，把这柄铁锤向上还原为它在那个有意义的装备的整体系统中所处的位置。比如说在海德格尔看来，一柄铁锤"可用于建造房屋"，而房屋则"可用于遮风挡雨"。[20] 但 OOO 认为，向上和向下这两种形式的还原都是有害的，整个西方哲学史就是一部试图打破这种困境的历史，尽管以往的先哲在这个问题上的进展缓慢而曲折。

如果有人问我们某件事物究竟是什么，我们对这个问题的回答可以是多种多样的。但归根结底，我们只有两种方式来告诉某人一件东西究竟是什么：你要么告诉他这件东西是由什么组成的，要么告诉他这件东西是用来做什么的。我们实际上只能拥有两种关于事物的知识，而考虑到大量知识储备对于人类的生存和发展至关重要，这似乎完全是件好事。但问题在于，我们人类有时会让自己相信，获得知识是唯一值得追求的认知活动，并因此把（关于事物是什么的）知识和（关于事物能做什么的）实践技术看得特别有价值，与此同时，我们往往忽视了那些不能被很快转译为字面的、连贯表达的认知活动。在知识一家独大的局面下,艺术是为数不多的例外之一,艺术的首要作用并不是要传播关于艺术领域的知识。哲学算是另一个例外,尽管近代以来,人们越来越把哲学视作数学和自然科学的表亲。许多人会接受艺术并不传达知识这个看法,但要说哲学不传达知识,同意的人恐怕就要少得多了。而如果哲学并非知识的一种形式,那么它会是什么呢?我们不妨在此稍事停顿来谈谈这个问题。

西方的科学与哲学,始于公元前七世纪的"前苏格拉底"思想家。虽然这些思想家在族裔上属于希腊人,但他们生活在当时希腊的殖民地——今天的土耳其西岸、西西里岛和意大利最南端。当然了,他们当时并不叫"前苏格拉底"思想家,因为雅典的苏格拉底还没出生。他们真正的名称是 *physikoi*,大致可以翻译为"物理学家"或"研究自然的人"。[21] 他们的理智活动发源于爱琴海边的城邦米利都(Miletus),这座曾经的港口后来因泥沙的淤积而被废弃,其遗址就位于今天土耳其的季季姆(Didim)附近。米利都的泰勒斯(Thales)博学多才,被认为是第一个预测了日食的人。泰勒斯宣称水是万物的本源,这也是他在哲学和科学上为后世留下的主要思想遗产。在西方文明的历史上,泰勒斯是第一个试图用自然物(而非神或神话人物)来解释世界的人。泰勒斯之后,同样是米利都人的阿那克西米尼(Anaximenes)认为,气才是最初始的元素:因为空气比水更加中性,它无味、无臭，对光完全透明。生活年代介于泰勒斯和阿那克西米尼之间的阿那克西曼德（Anaximander）则提出了看似更缜密的观点，他认为万物的始基不可能是某种元素，因为各种物理元素必定都源于某个更深的根源。在阿那克西曼德看来，这个更深的根源就是 apeiron（不定者），英文中并没有与之相应的词，apeiron 是不受限的物质，它既没有形态也没有形式，一切更具体的东西都是从中涌现的。阿那克西曼德认为，在数百万年间，世界上所有的对立都会彼此抵消，而后宇宙就会重新回到那中性而没有形式的 apeiron 之中，正是这个观点启发了在耶拿撰写博士论文的青年马克思。除了以上三人，前苏格拉底时期的其他思想家也各自提出了关于实在世界的理论，其中包括：毕达哥拉斯（Pythagoras）、恩培多克勒（Empedocles）、赫拉克利特（Heraclitus）、巴门尼德（Parmenides）、阿那克萨戈拉（Anaxagoras）、德谟克利特（Democritus）等等。尽管理论各异，这些思想家的倾向主要有两种：或是把一个或多个基础元素视作世界的根源，或是认为只有无形态的 apeiron 才能解释我们所见的一切纷繁各异的事物。

因此，对前苏格拉底时代的思想家而言，无论是倾向于寻求世界最基本的元素，还是某种关于 apeiron 的理论，他们都拥有一个共同点。这个共同点就是，所有这些理论都把中等大小的日常物作了向下还原。这些思想家并不认为，椅子和马匹的实在性能够与他们各自所青睐的世界始基相提并论；在他们看来，大多数物由于太过浅显而不具备实在性。用本书的术语说，前苏格拉底时代的思想家们犯了"微小主义"的错误。除此之外，他们还都倾向于认为，终极的事物是永恒的，或者至少是不可摧毁的，直到后来亚里士多德最终接受可毁坏的实体概念之前，这始终是希腊哲学的一个典型偏见。不过，这种对日常对象进行向下还原的做法面临的真正问题在于：它无法解释前文提到的涌现现象。如果你有和米利都的泰勒斯类似的想法，认为万物都是由水构成的，那么你就无法设想诸如割草机或荷属东印度公司这样的事物如何能够持续存在了，因为按泰勒斯的观点，这些较大的东西都无非是水的深层运动所带来的表面效应而已。而如果你像留基伯（Leucippus）和德谟克利特那样认为世上万物都由原子（atoms，字面意思为"不可分割者"）构成，你也会遇到类似的困难。

故此显而易见的是，前苏格拉底的思想家实际上默认了OOO反对的所有四个基本观念：物理主义、微小主义、反虚构主义以及字面主义。换言之，他们所展现出来的态度，就与当代那些试图从物理学中寻求"万物理论"的学者如出一辙。这绝非偶然，考虑到前苏格拉底的思想家恰恰就被称为"物理学家"，他们是西方世界最早的自然科学家，但在我看来（这固然是个小众的观点），他们并不是最早的哲学家。我更愿意把这个光荣的头衔留给苏格拉底,下一节我将给出这么说的理由。正是得益于这些早期思想家的存在,后世的哲学家们才不惮于每每夸口说哲学是科学之母。但正像我说过的,前苏格拉底的思想家是从事向下还原的人(underminer),而自然科学基本上始终就是一项向下还原的事业。因此,我们应当把通常的说法颠倒过来:前苏格拉底的思想家最先带来了科学,而西方哲学则是从苏格拉底后来的那个发现中涌现出来的,这个发现就是:向下还原的方法并不能为我们揭示美德、正义、友谊,乃至其他任何事物的本质。苏格拉底所追寻的不是某种知识,因为他关注的既不是美德、正义或友谊的组成,也不是它们能做什么,尽管后者也往往被人遗忘。这再一次提醒我们:*philosophia* 这个希腊词的原意既不是知识也不是智慧,而是对那永远无法完全达致的智慧的爱。

哲学史中的向上还原

到了近代,尽管向下还原的做法仍然构成了自然科学的核心思想,但作为一种哲学方法,它已渐渐失去了人们的青睐。之所以如此,是因为近代以来,西方哲学对于寻求构成万物的终极实体的兴趣已经减弱,相反,它更多地致力于探求具备最高确定性的知识,也就是说,近代哲学主要关注的是那些最直接地向人的心灵呈现的东西,而非那些潜藏在表象世界背后的东西。这个重要转向带来的后果之一是，近代的哲学家不再认为个别物（individual objects）因为太浅而不可能是真实的，恰恰相反，他们认为这些物太深了。作为前苏格拉底思想家所创立的向下还原做法的对立面，我们需要给这种极为不同的看待事物的方式一个专门的名称，为此我生造了向上还原（overmine）这个词。[22] 让我们首先想想勒内·笛卡尔，他通常被认为是第一位近代西方哲学家（尽管不乏有人认为更早的思想家，例如库萨的尼古拉 [Nicholas of Cusa]、弗朗西斯·培根 [Sir Francis Bacon]，甚至著名随笔作家蒙田 [Michel de Montaigne]，才应得这个名号）。[23] 笛卡尔认为世界上只有三种实体：*res extensa*（物理实体）、*res cogitans*（思想实体）以及上帝（唯一无限的实体）。这些实体都不是隐藏在事物背后的东西（或许除了上帝之外），它们在原则上都可以用数学化的形式完全把握。于是，物理意义上的物质不再具有神秘和隐藏的性质，而是尺寸、形状、位置以及运动方向等属性的总和。这意味着笛卡尔用向上还原的方式消除了中世纪哲学里那些隐藏的"实体形式"：旧的说法认为这些形式无法从事物中看到，而无论我们是否看见，它们都潜藏在事物内部的深处。这也使笛卡尔同时成了科学史上的革命性人物，因为他的学说标志着亚里士多德式的实体被逐出了物理学领域，从而为物理学奠定了唯物主义的基础，使其摆脱形而上学的影响。笛卡尔那里的"思想实体"也同样不是神秘莫测的东西，因为无需多少努力，人就可以查看自己的内心，清楚地知道心中的想法。在笛卡尔看来，自我与世界都可以清晰地被认识，我们要重塑世界的形象，使其符合我们关于世界的认识：这正是现代主义在每个领域中展现出的最典型特征。在笛卡尔之后的近代哲学家中，这种趋势变得更加清晰：极端的唯心论思想家乔治·贝克莱（George Berkeley，1685—1763）宣称不存在任何具有自主性的东西，因为一切存在物都无非是上帝或我们自身心灵的影像而已。[24] 更晚近的重要哲学家阿尔弗雷德·怀特海（Alfred North Whitehead，1861—1947）和布鲁诺·拉图尔（生于1947年）都主张，实体无非只是关系和后果，因此任何关于隐藏在这些后果背后的独立物的观念都是荒谬的。[25] 以威廉·詹姆斯（William James，1842—1910）和查尔斯·桑德斯·皮尔士（Charles Sanders Peirce，1839—1914）为代表的美国实用主义哲学家也作出过类似的论述，他们认为只有当某个事物使其他事物产生差异时，该事物才是实在的。[26] 埃德蒙德·胡塞尔（1859—1938）则认为，对象只可能以观察者意识之潜在相关物（correlate）的方式存在，除此之外的其他任何存在方式都是荒谬的。[27] 在米歇尔·福柯（1926—1984）看来，我们时刻处于权力的社会结构之中，因而完全无法认识该结构背后的独立实在物。[28] 德里达则更加激进地指出："文本之外别无他物"，尽管他的拥趸们曾极力试图用其他方式来解读这个论断。[29]

无论如何，上述这些理论都属于向上还原，都把事物还原为它们之间的相互影响或它们对我们的影响，在此类理论看来，除了这些影响之外，事物没有任何多余的东西。然而，所有向上还原的理论都面临一个共同问题：它们无法解释事物的变化。如果原子、台球、西瓜、监狱或者怀特海教授这些事物都只不过是它们在当下这个瞬间的各种关系和效应的总和，那么它们为什么能在比如五分钟或者两周后处于非常不同的状态呢？早在公元前四世纪，亚里士多德就向麦加拉学派的哲学家提出了这个问题，麦加拉学派主张事物只是其当下的所是，别无其他：比如一个建造工如果此时此刻不在建房子，那么他就不是一个建造工。[30] 为了解决这个两难，亚里士多德引入了著名的"潜能"说（"潜能"的希腊文为 dynamis，也就是"动力"[dynamic]、"炸药"[dynamite] 等词的词根），尽管亚氏的潜能说本身也有其问题所在，但他对麦加拉学派的反驳依然是合理的。在当前时代，有些向上还原理论模型的支持者主张事物之所以能够变化，是因为事物之间建立了具有互动效果的双向"反馈循环"（feedback loops）。然而这个论证是自相矛盾的，因为如果某个事物具有接受和处理反馈的能力，这就意味着它已经比自身的当下状态多出了一些东西；由于接受性正属于一种潜能，因此当这些哲学家宣称反驳了亚氏的理论时，他们恰恰是在借用亚氏的理论。因此，事物显然具有某种多出来的东西，这些东西既比事物的各种效应来得深一些，又比事物的各组成部分来得浅一些。与被向下还原的事物一样，被向上还原的事物也不再是它本身。有一种策略既把事物等同于其组成部分，又将其等同于其作为整体的运动和性质，我称这种策略为"双向还原"（duomine）。[31] 例如，自然科学就是一种双向还原，它一方面认为事物由微小的终极成分构成（向下还原），另一方面又认为，我们可以通过数学来认识事物（向上还原）。这样一来，那独立的对象本身似乎就成了模糊艰涩、流于表面的东西，从而被逐出了哲学理论的图景。然而我要指出的是：一个事物不可能同时既是其组成部分，又是其作为整体的运动和性质。

说到这里，我们就不得不谈谈OOO那非同寻常的物的定义了。在日常语言中，"物"这个词往往意味着某种坚固、耐久、非人的或无生命的、物理意义上的东西。相反，在OOO中，"物"指的是任何无法被向上和向下还原的东西，换句话说，物比其组成部分或其在世界上的效应总和都多出来一些东西，它比前者浅一些，比后者深一些。下面我给出的几个例子或许有所帮助。想象一下，有人问你如何才能知道物真实与否。例如，你如何知道下面这个复合"物"不是真实的：1755年的里斯本地震，加上达希尔·哈米特（Dashiell Hammett）的侦探小说《马耳他之鹰》(*The Maltese Falcon*)，加上一包橡皮糖，再加上五位个子最高的日本护照持有人。事实上，尽管这组集合初看之下似乎不是真实的，但我们永远无法确切知道是否如此。为什么无法知道呢？因为一方面，它看上去像是由不合适的成分组成的被向下还原的组合，无法产生任何统一的东西；另一方面，它又好似某个被向上还原了的特设（ad hoc）组合，或许能在特定的故事或笑话中偶然发挥一些效应，然而一旦离开这些笑话与故事，它就无法存在了。这意味着，我们永远无法确切地知道哪些物是实存的，哪些物仅仅是我们向上和向下还原的做法所虚构出的东西。我们或许永远无法确切知道是否真的存在诸如"刺杀肯尼迪总统的阴谋"、"导致恐龙灭绝的尤卡坦小行星"，或是"尼安德特人与智人结合所生下的第一个婴孩"之类的东西。或许有这样的世界，在其中所有这些物（甚至它们更简单的变体）都是永久存在的，但我们无法直接触及这样的世界，原因很简单：因为不存在关于任何东西的直接知识。这个陈述并非受了某种怀疑论或仇视理性的情感的驱使，相反，它恰恰源于苏格拉底反复申说的那个断言：他不知道任何事，也不会是任何人的老师。许多人会觉得苏格拉底既然没有知识，那么唯一的可能性就是他必定完全无知，但这是一个完全错误的想法，事实上，那正是苏格拉底的那些智术师（Sophists）论敌所持的看法，今天我们通常将此称为"美诺悖论"（Meno's Paradox）。[32]

物与事件

于是我们又回到了我的朋友德兰达的反对意见,他说他"不太清楚为什么哈曼对于物如此坚持"却忽视了事件。就在我们不久前发表的一篇对谈中,[33] 他还部分地重申了这个看法。在当前学界,"事件"这个词指的是十分具体的事情或变故,并且往往隐含着这样的看法,即:事件的组成部分在该事件之外无法独立存在。例如,有人会认为披头士乐队是一个"事件",因为鉴于披头士成员约翰、保罗、乔治和林戈的生活因组成乐队而发生的巨大改变,我们已经无法想象他们四人在乐队成立之前作为独立个体的存在了。然而在OOO看来,这个说法是荒谬的。恰恰相反,披头士的每个成员在加入乐队前都是一个物,而该乐队作为整体也构成了一个物(尽管在林戈加入之前,乐队先后失去了至少两位成员,但这个物还是存在下来)。披头士乐队对其成员有着强大的回溯性效力这个事实,并不意味着乐队成员在披头士这个"事件"发生之前就不能存在,然而像凯伦·巴拉德(Karen Balad)这样的OOO反对者并不这么认为,照她的观点,一个关系中的关系项不可能先于该关系而存在。[34] 更普遍地说,OOO认为每个实在的事件都是一个实在的物。事件固然往往由大量成分组成,但这并不妨碍我们将其视作物,因为其实每个物也都由大量成分组成:一场飓风固然包含了无数变化,但即便在一粒沙中也有数不清的事情发生。此外,事件也并不必然比物更短暂。许多物理物固然能持存很长时间,例如中子星和花岗岩之类,但也不乏朝生暮死甚至稍纵即逝的物,例如蜉蝣和某些人工合成的超重元素;同理,许多事件持续的时间很短暂,例如百米冲刺或两人四目相对的瞬间,但也有持续时间很长的事件,例如女王维多利亚和伊丽莎白二世在英国的统治,或者宇宙演化史中的恒星纪元(Stelliferous Era)。因此,持续时间的长短并不见得是区分"物"和"事件"的良好标准。

再次强调,OOO界定物的唯一必要标准就是:它在两个方向上都无法还原——物多于其组成部分,且少于其效果。如前所述,这并不意味着我们就很容易确定某个东西的物属性是否符合这个标准。在2008年的美国总统大选中,人们曾纷纷谈论一个被称为"足球妈妈"的人口统计学群体:她们是住在郊区的有孩子的妇女,其所受教育高于平均水准,在社会问题上倾向于自由派,但大多支持强有力的国防。约翰·麦凯恩在总统大选中输给了奥巴马,是不是因为他无法争取到和奥巴马同样多的足球妈妈选票呢?我们能否确定这样一个群体在任何意义上是存在的?对此,我们无法给出确切的回答,这就如同我们永远无法完全确定自己的配偶不是政府雇来监视我们的特工一样——要知道,这样的事情的确曾发生在前东德。不过,我们有足够理由确定某些说法是假的，而且借助一些方法，我们可以相当有把握地将真正的物和虚假的物区分开来：有些方法我们已经再熟悉不过了，而另一些方法则是刚从 OOO 中派生出来的。

扁平本体论

在结束本章之前，引入"扁平本体论"（flat ontology）这个概念我想会对后面的讨论有所帮助。前文已经提到，本体论是哲学的一个分支，它研究的是"实在和实在的事物究竟是什么"这样的终极问题。OOO 是在和德兰达相同的意义上使用这个术语的，我们指的是这样一种本体论：它一开始就对所有物一视同仁，而非事先假定不同类型的物对应着完全不同的本体论。需要注意的是，近代哲学（从十七世纪的笛卡尔一直到当代的巴迪欧和齐泽克）恰恰强调它是不平的，因为近代哲学假定人的思维和世界上一切其他的东西之间存在着严格的划分。沿着德兰达的思路，列维·布莱恩特运用了扁平本体论概念，并带来了颇为丰硕的成果。[35] 这个术语此前还曾被英国的科学哲学家罗伊·巴斯卡（Roy Bhaskar）在完全相反的意义上使用过。[36] 但无论如何，OOO 是在德兰达的意义上把"扁平本体论"作为正面术语来使用的，当然我也应指出：OOO 并不认为扁平本体论绝对地无懈可击。简单地说，扁平本体论不失为哲学思考的一个很好的出发点，但如果作为哲学思考的结果，它就是非常令人失望的。例如，在本章前面一点的地方，我曾论证说，哲学应当能够谈论任何事物——无论是歇洛克·福尔摩斯、真实的人和动物，还是化学制品和幻觉——它不应否认某些东西的存在，也不应潦草地按照实在性的等级来给万事万物排序。我们很可能出于某种偏见而认为哲学就应该只谈论自然的物而无需理会人造对象，因为后者是非实在的东西。在这种（以及其他许多）情形下，一开始就坚持扁平本体论是很有帮助的，它确保了个人的成见不会影响到我们关于事物实在与否的判断。然而任何哲学如果以扁平本体论作为结论的话，那它就是令人失望的。想象一下：一个思想家对OOO作了五十年的哲学思考，但他最后得出的结论仅仅是"人、动物、无生命物质和虚构角色都平等地存在"，那么我们显然没有取得多少进展。简言之，我们期待有一种哲学能够告诉我们万物都具有的特征是什么，但同时我们也想要哲学告诉我们不同种类事物之间的差异。在我看来，所有的近代哲学在还没有严格完成第一个任务之前，就都急匆匆地开始要着手第二个任务了。

如前所述，扁平本体论一个主要的益处，就在于防止有人把任何不成熟的分类体系从外面偷偷夹带到哲学里来。中世纪居于支配地位的分类体系，显然是造物主和被造物之间的绝对区分。在那个时代，任何试图遵循"扁平本体论"，从而平等看待上帝、人和动物的的哲学思想都是如履薄冰的，它往往要面临概念上的诘难甚至法律上的制裁。在主张无神论和理性的近代哲学家看来，骑士、僧侣、封建领主和造物/被造二元论所在的黑暗中世纪似乎是很可笑的。但近代哲学却采用了一种同样劣质的二元论（并非所有二元论都是坏的，劣质的二元论才是），因为近代哲学引入的新分类体系同样是不合理的：它把世界分成两边，一边是人的思维，另一边则是一切其他东西。当然了，没有人因为反对这个二元论而受到监禁、折磨或者被活活烧死，但是经验告诉我们，那些敢于质疑近代二元论的人往往会遭受另一些惩罚。如果你觉得人类占据哲学的半壁江山这个状况看起来不太合理（无论你是多么地看重自身），那么你就已经和OOO对近代哲学的批评站在同一阵线了。诚然，人类是一种非常了不起的生物，我们能够成就植物和其他动物（更不用说非生物）都做不到的非凡事业。我们发射了宇宙飞船、分裂了原子，还破译了基因代码——这些还只是我们最近的成就，此前的数千年间，我们早已发明了轮子和酿酒，推敲出制作玻璃和从事农业的技艺，学会了使用火和驯化动物，此外还发展出最早的外科手术。然而，即便我们假定其他动物完全无法做出同样复杂的成就，即便我们作为一个物种显然特别看重自身，所有这些出色的成就也并不必然使人类配得上占据本体论中的五成内容。但是笛卡尔和康德以来的近代哲学却裁定我们理应如此，这些哲学家的观念是：我们既无法离开人来谈论世界，也无法离开世界来谈论人，而只能谈论两者之间的那种原初的关联或关系：这就是甘丹·梅亚苏（Quentin Meillassoux）所批评的"关联主义"（correlationism）。[37]

对于近代哲学这种分类体系最重要的批评或许来自拉图尔，他把现代主义定义为这样一种观点：存在两个永远无法混同的领域，即自然界和文化界，现代性的任务就在于分别净化这两个领域，使其彼此分离。[38]根据这个模型，自然界是严格的决定性规律主宰的领域，在自然界中，客观的解答原则上总是可能的，文化界则是权力斗争和任意投射个人价值体系的领域，我们万不可混淆这两个相对立的范畴。拉图尔试图用一种扁平的模型来替代他所谓的"现代性宪法"（Modern Constitution），在这扁平的模型中，一切行动者（无论是"自然的"还是"文化的"）都有着相同的基本任务。一切人类和非人类的行动者都试图与其他行动者建立联系，从而使自身变得更强大或更有说服力。这种理论路径被称为行动者-网络理论（ANT），该理论在社会科学领域蓬勃发展，而在自然科学领域则往往受到轻视和拒斥，之所以如此，或许是因为虽然它给社会科学研究带来了裨益，但却并不像其宣称的那样不偏不倚。[39]不过，尽管可能出现与实在论相抵触的错误，ANT的研究方法的确有着巨大的潜力，因此OOO的思想家们大多把拉图尔视作上个世纪最重要的学者之一。不过，OOO的支持者推崇拉图尔的理由和许多其他人推崇他的理由并不相同。我们就举一个例子,拉图尔的追随者们往往推崇他主张的自然和文化不可分裂的观点,因为我们的时代就充斥着许多多由人类实体和非人类实体组成的混合物(hybrids),例如臭氧层空洞,它虽然是人类控制范围之外的自然现象,但其面积却由于人类的活动而迅速增大了。当然,这种对于混合实体的洞见仍是有价值的,但我们必须避免假定一切实体都是自然-文化的混合物,因为那样的话,我们就无异于假定现代主义模型的两个主要成分(自然和文化,或世界和思维)在任何时候都必然同时出现了。实际上,我们应当谈论的不是混合物,而是复合物(compounds),复合物既可以由纯粹的"自然"实体构成(例如二氧化碳分子由碳和氧组成),也可以由纯粹的"文化"实体构成(例如欧洲的文化建立在希腊-犹太文化的基础上)。所谓"万事万物都是混合物",实际上意味着自然和文化总是彼此混合在一起的——这是我们必须反对的观念,因为它恰恰保留了拉图尔试图摒弃的那两个术语。

至此,本书开篇的讨论就告一段落了。现在我们已经准备好谈谈 OOO 的一个关键特征,那就是:审美经验在其中所占据的非同寻常的重要地位。

第二章
CHAPTER 2

审美是一切哲学的根源

在上一章中，我们对大多数所谓的"万物理论"作了批评，并指出了它们的四大基本缺陷：物理主义、微小主义、反虚构主义，以及字面主义。至此，我希望大多数读者都能认同这一点：万物理论应当能够像解释物理实体（例如铁原子）那样解释非物理实体（例如某支获胜球队的集体精神）。或许大多数人也会同意，我们应当像重视最微小的实体（例如弦理论中的"弦"）那样重视中等或较大体积的实体（例如马、广播电视塔等）。最后，相当一部分读者大概还会赞同：万物理论应当能够对虚构实体（例如歇洛克·福尔摩斯、独角兽）给出说明，而不是一股脑地将其抹杀，代之以谈论它们的基础（例如心灵过程、心灵之流或神经元）。不过我比较担心的是第四点——OOO对字面主义的批评——对许多读者而言似乎有些难以接受。如果我们不再把语词的字面含义作为通往真理的一条特殊途径的话，那么我们如何明辨许许多多不可证实的、充满神秘色彩的断言呢？如果到了那个地步，我们为什么不干脆像当年伏尔泰酒馆（Cabaret Voltaire）里的达达主义者那样，戴上动物面具，跳起荒诞的悲剧舞蹈呢？这个分界点，就是理性主义者往往要划出底线的地方。我曾在其他地方援引过美国理性主义哲学家阿德里安·约翰斯顿（Adrian Johnston）关于字面语言优先性的论述，这里我要再次援引约翰斯顿的话，因为他的立场清晰明了：

> 十九世纪和二十世纪的许多后唯心主义者，最终沦为了肤浅神秘主义的鼓吹者，他们的基本逻辑和否定神学是类似的。其中不变的框架模式就是：存在给定的"x"，在范畴、概念、谓述、属性等任何层面上，这个"x"都无法被理性和话语所把握。[1]

需要特别注意的是，约翰斯顿断言：我们如果不能通过字面的范畴、概念、谓述和属性来"把握"事物的话，就只能接受"肤浅神秘主义"和"否定神学"了。后面这个概念指的是一种宗教论述，它宣称上帝远远超出了人类的理解能力，因此我们只能说上帝不是什么，而不能说他是什么。不过，约翰斯顿这种非黑即白的理性主义有不少问题。首先，"肤浅神秘主义"并不是理性主义真正的对立面。尽管两者有显著的不同，但一般说来，神秘主义会和理性主义一样主张我们能够直接通达现实，然而，与理性主义诉诸理智不同，神秘主义通达现实的方式是诉诸灵性的。OOO同时拒斥这两种方法的优先性，因为在我们看来，间接通达现实一般来说才是我们和现实打交道的最佳方式。毋庸置疑，人们对观点的陈述很少是绝对肯定或否定的。许多陈述往往是以肯定的方式来暗指某些东西，我们既不直白地表述它们，也不否认认知本身的可能性。即便是在约翰斯顿极为蔑视的否定神学中，我们也能找到这样的例子。生活在公元五世纪至六世纪的伪狄奥尼修斯（Pseudo-Dionysius）是历史上最杰出的否定神学家之一，之所以被这么称呼，是因为他（或她）的作品最初被误以为是亚略巴古的狄奥尼修斯（Dionysius the Areopagite）所写，后者曾出现在《新约》中（《使徒行传》，17:34）。下面这段话中，伪狄奥尼修斯谈到了圣父、圣子、圣灵的三位一体，在许多批评者看来，这个概念是基督信仰中最薄弱的环节：

> 房中各盏灯发出的光可以完全地彼此穿透，但每束光又都是不同的。统一中有差异，差异中又有统一。当房中点起许多盏灯时，房中就有了一整束未区分的光，所有的灯光就汇成了一片不可分割的光明。[2]

虽然我本人并不信仰三位一体，但我觉得上面这段话说得真是好极了。它巧妙地运用了类比来表明，"神圣性质中的三个位格"虽然看上去有明显的矛盾,但它不仅是可能的,而且是经过清晰思考的。不过在约翰斯顿看来,这样的类比毫无地位,他坚决地认为我们只能用范畴、概念、谓述和属性来解释所有的东西。可以说,普遍意义上的隐喻都被排除在约翰斯顿的理智地图之外,但我们马上就要看到,OOO所做的恰恰相反,它给予隐喻以很高的哲学地位。

我们还能找到许多其他类似的例子,它们都表明:间接的暗指、暗示或暗讽是比直接通达真理更强有力的方式。例如,一个被广泛认识到的现象是,穿得很少往往比一丝不挂更带有性爱意味。正是出于这个原因,内衣公司总是挣得盆满钵满,而裸体主义者集会更多地是一种政治宣言,而不是要宣扬泛滥的性爱。情书也是一样,太露骨直白的情话总是会显得无趣而笨拙。用隐晦的方式传达的威胁几乎总是更加有效——想想马龙·白兰度在《教父》中的那句名言:"我会给一个他无法拒绝的条件"。如果我们把它换成下面这个直白的字面陈述,效果恐怕就要大打折扣了——"如果他不让我朋友当影片的主角,我就要砍下他心爱的赛马的头,再趁他睡着把马头塞进被窝。这样他醒来时就会吓得魂飞魄散了。"虽然影片中实施这个威胁的过程算是相当古怪而骇人,但那还是比不上"他无法拒绝的条件"这句话所带来的那种不祥预感。就在1991年的第一次海湾战争前夕,有传言说萨达姆·侯赛因的军队将用化学武器对抗美军。对此,时任美国国防部长的迪克·切尼（Dick Cheney）据说是这样回应的，他警告萨达姆说：一旦使用化学武器，"美国就会做出坚决、迅速的回应，要让伊拉克花几个世纪才能从中恢复过来"。这番话当然是残酷和不人道的，但它所传达的那种模糊的威胁，显然要比直白的细节描述更加令人害怕。

另一方面，我们还发现，直白的字面表述几乎也会毁掉幽默。不妨看看下面这个广为流传的谜语：

提问："需要几个超现实主义者才能拧上一个灯泡？"
答曰："鱼。"

上面这样的谜语往往让明白的人会心一笑，但如果我们被要求解释这其中的字面意思——就像听大人们聊天的孩子通常会要求的那样——那么其中的幽默就完全毁掉了。想象一下，我们试图这样向孩子解释："超现实主义艺术家常常将对象置于出人意料的语境中，在这里他们又一次这么做了。当有人问需要几个人才能拧上一个灯泡时，还有什么回答比'鱼'离题更远呢？这种和问题格格不入的回答，正是超现实主义者最典型的写照！"但是说到这个份上，笑点就已经失去了。不可否认，在有些情况下，这样直白的表述的确能够形成笑点，但这些例外情况恰恰证明了上述的规律，而它们之所以形成笑点，正是因为它们与大多数人对笑话非字面性的预期形成了反差。例如,我小时候流行的一本儿童笑话书中有这样一个问题:"什么东西又红又大,还能吃岩石?",答案是"又红又大的吃岩石怪"[3],下面还配上了一幅完全吻合这个描述的怪兽插图。

不过,隐喻或许才是非字面认知形式最显著的例子。人们早已认识到,我们无法用非诗性的平直语言来完美地翻译一个隐喻——正如同我们无法用二维的地图来完美描绘三维的行星表面一样。文学批评家克林斯·布鲁克斯(Cleanth Brooks)令人信服地表明,一首诗的准确字面含义是无法确定的;哲学家麦克斯·布莱克(Max Black)则扩展了这个观点,他认为单个隐喻的字面含义也是无法确定的。[4]

隐喻

对OOO而言,更重要的一篇论隐喻的文章来自何塞·奥尔特加·加塞特(José Ortega y Gasset,1883—1955)。[5]在英语世界,奥尔特加的作品如今不再像以往那样受欢迎了,这或许是因为人们通常把他和萨特等存在主义者归为一类:这些学者在战后的知识界曾红极一时,但随着德里达、福柯等法国后现代思想家的崛起,他们的地位就不再那么显赫了。不过,奥尔特加对于西班牙语世界的哲学有着深远的影响,作为一位令人目炫的文体家,他曾不止一次入围诺贝尔文学奖。在我看来，奥尔特加早期谈论隐喻的那些文章是他写作过的最重要的东西，尽管这些文章在他的作品中并不算是典型。首先，奥尔特加的这些随笔写在他成熟期的主要作品之前，写作时他只有三十一岁，在哲学上尚未成熟和定型；更重要的是，这些文章体现出的哲学精神恰恰构成了他后来整个学术生涯的对立面。奥尔特加最著名的一句格言或许就是："我是我自己以及我的周遭。"这句话意味着他试图通过关注自我和世界的相互作用，来反对近代欧洲哲学的唯心主义，后者往往把思想着的心灵视作与世界相疏远和相分离的独立实体。为了反驳唯心主义，奥尔特加宣称心灵和世界总是相互接触的，但这个立场使他无法很好地解释为什么许多事物拥有自主性。因此，奥尔特加虽然提出了一种对人类和非人类一视同仁的扁平本体论，但他却没有进一步推导出更多结论；也正是这样，奥尔特加意外地和近代哲学那个奇怪的假定走到了一起，他们都认为人类这个渺小的物种理应占据本体论的半壁江山。与此相比，在作为1914年诗集序言的那篇谈隐喻的文章中，奥尔特加采取了截然相反的理路。[6]在这篇杰作中，年轻的奥尔特加拾起了那被忽视的哲学实在论传统——人类和非人类事物并不被视作相互关联，而是被认为各自拥有同样丰富而独立的生命。[7]

康德伦理学中最鼓舞人心的原则之一就是：永远不要把人（包括我们自己）仅仅视作实现某种目的的手段，而只能视作目的本身。[8]奥尔特加在提醒我们这个原则的同时，还给它加上了全新的本体论意涵。奥尔特加注意到（他没有直截了当地说）：我们可以把康德的这个洞见扩展到比伦理学广阔得多的领域。首先，虽然康德反对把某人作为实现某个目的的手段，但他显然不介意把非人类物作为实现目的的手段。这个观点如今受到了一部分人的质疑：哲学家阿方索·林吉斯（Alphonso Lingis）认为，即便是无生命物也需要以特定和适当的方式对待，例如，享用特别昂贵的巧克力时喝可口可乐，在某种程度上就是不道德的，类似地，当面对京都古刹的优美雪景时，如果你还在用耳机听流行音乐，那么你的做法也同样是不道德的。[9]不过，我们至少可以暂时同意康德的观点：伦理学关注的只是我们如何对待其他人，至于我们如何对待非人类的事物，则不在伦理学考虑的范围之内。康德之所以把人视作有道德价值的自由行动者，是因为康德哲学区分了两类东西：我们意识经验的可见现象（phenomena），以及他所谓的本体（noumena）。[10]现象就是我们通常认为属于现象的东西：它包括人类能遇见、感知、使用和思考的一切。正如康德在其代表作、写于1781年的《纯粹理性批判》中告诉我们的，人类的现象经验总是发生在时间和空间里，它涉及十二个不同的知性范畴。

与此相反，本体则是我们永远无法直接经验的物自体（things-in-themselves），因为我们总是受到人类经验条件的限制。时间和空间真的可以独立存在吗？上帝、高级的外星种族、海豚、乌鸦、蜜蜂、变形虫……他（它）们的时空经验都是相同的吗？抑或时空只是对人类有限的知性有效呢？康德认为，这些问题都是永远无法回答的。不过略带反讽意味的是，尽管康德在哲学上的巨大影响一直延续到今天，但对其哲学的核心观念——亦即那不可把握的本体或物自体——如今能真正接受的哲学家已经为数不多了。在这方面，OOO算是一个显著的例外。无论如何，康德认识到人类既有现象的一面，也有本体的一面。在某个意义上，我们显然属于现象：我们能够见证自己和他人的行动，我们甚至可以对各自的行动给出完整的因果解释，并借此嘲笑任何对自由意志的主张。我或许会觉得自己是自由的，因为我可以做独一无二甚至荒唐乖张的事；但直到有一天，我看到一篇详尽的人口统计学分析指出：我所有的政治倾向和生活方式无非反映了一部分49岁已婚美国男性群体的典型态度，这些人和我一样拥有博士学位，来自上中西部地区，并且有着类似的家庭收入背景。这真是振聋发聩啊！然而，伦理的生活之所以可能，恰恰是因为我内心深处还感受到那种本体意义上的自由，正是这种自由使我能够忽然改变主意，并且质疑自己所属群体持有的一些没有根据的成见。

康德伦理学认为，这种"本体"的维度只有对人类才是重要的，因为和细菌或塑料袋的运动不同，我们的行动独一无二地具有道德价值。然而，一旦离开伦理学的领域，我们很快就会一清二楚：实际上一切物都具有本体的一面。就如同我们无法直接通达人类自体（human-beings-in-themselves）一样，我们也无法直接通达塑料袋自体（plastic-bags-in-themselves）；我们只能通过现象而非本体来与两者打交道。只是在伦理学之外的其他领域中，本体的一面通常都被忽略掉了：毕竟，为什么要浪费时间去谈论所有人都无法感知的物自体呢？而奥尔特加那篇论隐喻的文章的重大创新之处，正在于他表明了物自体对于艺术的极端重要性。这是连康德本人都未曾尝试过的思路，由于康德一心关注的是人类审美趣味的普遍结构，因此他对艺术之物本身的结构并不太感兴趣。[11]

奥尔特加注意到：大多数时候，我们与物相遇的方式都是来自外部的第三人称感知或描述。借用康德的术语，这些显然是现象经验，它们并没有触及物自体的深度。而用奥尔特加的话说："只有当事物成为图像、概念或观念时，也就是说，只有当事物不再是其所是，而成为自身的影子或轮廓时，它们才能成为我们认知的对象，才能为我们而存在。"[12] 对此，我们最初的反应或许是要从第三人称经验转到第一人称经验，并试图到内在生活的直接真理中寻求庇护。但这实际上是不可能的，因为在内省中，我们同样也把自身还原成了影子和轮廓；毕竟，就像我们无法直接通达本体的房屋、狗和马一样，我们也无法直接通达本体的自我。虽然在目前的心灵哲学领域，关于第一人称和第三人称描述谁更具有优先性的问题仍然处于广泛而激烈的争论之中，但早在1914年，奥尔特加就已经预见到这个争论是无谓的。第一人称和第三人称视角都无法使我们更接近那个超越一切描述的事物真实内向性（inwardness），相反，奥尔特加试图寻求一种脱离了任何观察或内省的事物实在性，我称此为事物的"零人称"（zero-person）视角。[13] 在论证过程中，奥尔特加获得了这样一个洞见：我们每个人之所以是一个个"我"，并不是因为我们每个人都拥有一套特别的、名为"意识"的动物学装置，而是因为我们每个人都是某件事物（something），而一件事物是永远无法被意识的内省和外部的描述所穷尽的。这意味着，每一个非人类的物也都可以被称为"我"，因为它们都具有那种确定而又永远无法被完全把握的内向性。即便我可以说，"我面前的这个红色皮盒子不是一个'我'，因为它无非是我心中的一个图像"，但这个盒子对我来说并不仅仅是现象性的东西。[14] 正如奥尔特加在下面这段激进的论述中所言：

> 就如同其他人描述的疼痛和我自己感觉到的疼痛之间存在区别一样，我所看到的红色和这个红皮盒子是红色之间也有同样的区别。
>
> "是红色"对这个盒子而言，就如同疼痛对我而言一样。就像存在作为约翰·多伊的我一样，也存在作为红

色的我、作为水的我,以及作为星星的我。从其自身内部的视角看来,万物都是一个个的"我"。[15]

然而,如果它仅仅是我们无法通达的本体性的东西,那么万事万物的这种内向的"我"还有什么重要的呢?我们这样不是又一次陷入到约翰斯顿所警示的那种"肤浅神秘主义"和"否定神学"中去了吗?对此,奥尔特加的回答是否定的:

> 现在让我们想象这样一门语言或表达符号系统的重要性:该语言的功能不是描述事物,而是使事物在执行自身的行动中向我们呈现。艺术正是这样一门语言,这也正是艺术所做的。审美对象是内向性本身——它是每一个作为"我"的东西。[16]

这是一个强有力的主张。奥尔特加实际上说的是:康德的本体领域并非不可通达,而艺术恰恰就在于亲身向我们呈现这种本体领域。他还补充了一个重要的限定:"请注意,我并不是说艺术作品向我们揭示了生活和存在的秘密;我真正的意思是:艺术作品使事物的内向性——也就是它们所执行的实在性——看起来像是向我们敞开的,从而给我们带来了一种叫作'审美'的奇特愉悦之感。"[17]接着,奥尔特加把这种与内向的执行实在性的审美接触和科学话语作了比较,并指出了后者的不足，不过他所针对的主要目标与其说是科学，不如说是我们所称的字面主义。

我之所以花费相当的篇幅讨论奥尔特加的这篇文章，不仅是因为它本身就很有意思，还因为早在我开始阅读更著名的海德格尔著作之前，此文就在我心目中第一次种下了OOO的种子。人的一生中或许总有两三个这样的时刻，在其中我们读到一些东西，它们不仅强有力和引人入胜，而且其中隐藏着至关重要的悖论，一旦解开这悖论中的谜团，我们就能了解许许多多其他东西的秘密。奥尔特加论隐喻的文章是我第一次在哲学中拥有这样的体验，此后我整整花了十八年时间，才完全领会了其中的意蕴。在初步了解为什么奥尔特加认为美学如此重要之后，让我们简略地阐述一下他的理论是如何运作的，不过我觉得奥尔特加在此犯下了一个微妙却又重大的错误。

由于没办法在一本诗集序言的篇幅里给出完整的美学理论，因此奥尔特加选择隐喻作为论述的核心议题："我认为审美对象和隐喻对象是相同的，换言之，隐喻是基本的审美对象，是美的细胞。"[18] 他援引西班牙诗人洛佩兹·皮科（López Pico）的诗句"柏树就像死去火焰的魂灵"作为隐喻的例子。这句诗里实际上出现了三个隐喻，奥尔特加略过了"魂灵"和"死去"的隐喻，而集中讨论把柏树比作火焰的隐喻。这个隐喻是如何成立的？我们首先想到的是这两个对象在形态上的相似性，这种相似性把两者联系在一起，而如果我们说"柏树就像一个死去的保险推销员的魂灵"，那么两个比喻项之间就不具备这样的相似性了。奥尔特加认为，隐喻的核心部分的这种必要的相似性，使得许多学者把隐喻错当成了两个事物实在性质上的同化。他正确地指出这种看法是不真实的："隐喻之所以令人满足，恰恰是因为在其中，我们发现两个事物之间的偶合性要比任何单纯的相似性都更深刻，更具有决定性。"[19] 如果有人说"柏树就像桧树"，那或许会是一则关于两个树种之间相似性的有用的植物学信息，但没人会对这句话有审美上的体验，除非我们把它改成"柏树就像死去桧树的魂灵"，这样一来它又像是个诗句了。隐喻能够成立的条件在于：两个比喻项进行比较的字面基础并不是太重要，否则我们得到的就只能是字面陈述了，例如"阿姆斯特丹就像威尼斯"，"车前草就像香蕉"或者"野兔就像家兔"之类。奥尔特加所选的例子之所以构成一个隐喻，是因为"柏树和火焰在轮廓上的相似性对两者而言都如此地无关紧要，我们会毫不犹豫地将其视作一种托词"。[20] 达成这一步之后，我们就"在它们的一些偶然的、非本质方面的同一性的基础上宣称了一种绝对的同一性。这近乎荒诞和不可能"。[21] 最初，两个对象相互排斥，这就使得"作为实际形象的柏树和火焰湮没了。当它们彼此碰撞时，各自坚硬的外壳破裂开来，其中熔化了的内部物质变得像浆液一样柔和，并且已经准备好接受全新的形式和结构了"。[22] 在这个成立的隐喻中，我们能够体验到一个以某种方式结合了柏树和火焰的全新实体。

奥尔特加的教诲

尽管我多年来向不少朋友推荐了奥尔特加的这篇文章，但许多人并未从中看出多少有意思的内容，他们对于我的推荐所表示的感谢大多也只是礼节性的。但对我而言，这篇文章是有史以来最重要的哲学论述之一，它不仅对于美学至关重要，对于本体论也有关键的意义。那么从这篇写于1914年的富有预见性的文章中，OOO能汲取到怎样的教益呢？首先，奥尔特加把康德的本体概念从哲学的荒野中带了出来，并使其再次焕发了活力。其次，奥尔特加表明我们能够以并非肤浅和否定的方式通达本体。第三，他建立了隐喻的基本机制，也就是一种非本质的相似性，这种相似性能使两个很不相似的实体彼此融合成一个不可能的新实体。不过除了上述教益，奥尔特加在两个关键的点上似乎还有所欠缺；我这么说并不是要对奥尔特加有所指摘，因为我并不是奥尔特加的批评者，而是一个沉迷此文多年之后才最终读懂它的读者。第一点是隐喻的非对称性（asymmetry）问题，在这点上奥尔特加完全错了；第二点则是隐喻的戏剧性（theatricality）问题，奥尔特加在这点上虽然方向正确，但走得还不够远。

让我们首先看看非对称性问题。奥尔特加的主要错误，出现在论述柏树和火焰彼此融合的这句话中："我们从火焰的形象中看到了柏树的形象；我们把它视作火焰，反之亦然。"[23]为什么要说"反之亦然"呢？奥尔特加在此显得过于草率，他没能仔细权衡这个主张可能带来的逻辑后果。因为假如柏树和火焰在隐喻中真的有"反之亦然"的关系的话，那么颠倒隐喻顺序，应该就不会引起任何改变了。这里原先的隐喻是"柏树就像死去火焰的魂灵"，让我们把它颠倒过来，于是得到这个句子："火焰就像死去柏树的魂灵"。尽管后面这个句子也可用在诗作中，但其中表达的隐喻显然与前者不同。在前一句中，隐喻的对象是具有火焰性质的柏树；而在后一句中，隐喻的对象则是具有柏树性质的火焰。因此，认为隐喻中存在"反之亦然"的关系是个致命的错误。奥尔特加忽略了柏树和火焰之间的不对称性，这会导致怎样的损失呢？我认为，这使得奥特加错过了OOO的一大理论支柱，亦即物与它自身的性质之间那种深刻的区别或者说张力。正如我们将在本章后面看到的那样，在不少情况下——尤其是在艺术和哲学中，物与它自身性质之间的差异体现得非常显著。当然，在大多数情况下，我们往往并不太区分物和它自身的性质。例如在科学中就是如此，因为科学的全部意义就在于，用某物的一系列具体而确定的属性来替代诸如"RX J185635-3754"（位于南冕座的一颗真实的中子星）之类的物的专名。

要知道，专名是没有多少信息量的。你身为科学家所做的工作越是充分，你就越是能够用这个中子星所拥有的一系列确定的性质来替换它那个模糊的临时名称，这些性质或许包括：距离地球大约400光年，直径4～8公里，表面温度约43.4万摄氏度等等。就像前文提到的那样，对知识的追求是一番字面主义的事业，它把物等同于它所有真正的组成部分以及它真正引发的所有结果；前文也说到，OOO反对字面主义，并且否认艺术和哲学属于知识。当前有不少哲学家试图使哲学成为数学和自然科学那样的字面主义学科，实际上，这个过程贯穿了现代长达四个世纪。例如，尽管休谟对知识持怀疑态度，但他以一种将其化归为与可能知识的关联的方式来定义物：并不存在某个作为"苹果"的事物，有的只是一系列可感受到的属性，例如：红色、坚硬、多汁、味甜、冰冷等等，所有这些属性是如此频繁地一同出现，以至我们会宽泛地把这"一束性质"称为"苹果"，尽管在这些性质之外并不存在苹果。[24]

在哲学史上，想当然地接受这种物的束理论（bundle-theory）的情况要比预想的更加普遍，直到胡塞尔1900年创立现象学之后[25]，该理论才第一次遭到了反对。胡塞尔强有力的推理对哲学的发展有着深远的影响，但这要部分归功于波兰哲学家塔多斯基最初的奠基工作。[26] 胡塞尔的论证表明，意识经验主要涉及的是物而非其内容。如果我翻转手中的苹果，然后把它轻抛起来再接住,那我看到的就是不断变化的一系列不同的性质。但当这些性质每次发生改变时,我从来不会认为自己看到的是不同的东西。同样,我也从来不会有这样的想法:"这束苹果式的性质和我三秒前看到的那束有87%相似,因此我推断这些性质之间的家族相似足以让我把它们宽泛地称为'同一个苹果'。"事实上,正如现象学已经指出的那样,备受推崇的"性质的束"实际上无非是一束束不断变化的偶然的表象而已。当我翻转和抛接苹果时,那个苹果本身自始至终都没有改变。

在这方面,奥尔特加仅仅是对胡塞尔提出的物和性质的区分表达了赞同——他本人在一些方面就颇为钦佩胡塞尔。不过,奥尔特加和胡塞尔之间有一个关键的分歧,而在此问题上,我是站在这位西班牙人一边的。与曾经追随新康德主义达十年之久的奥尔特加不同,胡塞尔完全不认同康德的本体概念。认为可能存在理论上与观察者的意识完全没有关联的物,这个想法在接受过数学训练的胡塞尔看来是非常荒谬的。因此,我前面带着赞赏之情引述的那句话——"就像存在作为约翰·多伊的我一样,也存在作为红色的我、作为水的我,以及作为星星的我。从其自身内部的视角看来,万物都是一个个'我'"[27]——和胡塞尔的思想并没有多少关系。在胡塞尔看来,"作为约翰·多伊的我"显然是存在的,但这仅仅是因为约翰·多伊是个思想着的心灵。而至于红色、水和星星，它们唯一的作用就是成为约翰·多伊及其同类的意识的对象，除此之外的其他任何想法，都难免陷入充满争议的"泛灵论"，也就是认为无生命的物也能感觉和思考。当然，奥尔特加并不是要主张无生命的物也能感觉和思考。恰恰相反，他早已预见到这个质疑，并且事先作出了反驳，他指出：物之所以是"我"，并不是因为它有意识，而仅仅是因为它存在。无论如何，虽然胡塞尔对于物及其性质的区分对休谟的束理论构成了重大打击，但这种区分只是在奥尔特加所谓的形象层面上进行的。之所以如此，是因为对胡塞尔而言，只要对事物做足够清晰的观察，我们最终就能直接通达该事物的本质特征。这个主张与神秘主义无关，相反它是彻底的理性主义观念，胡塞尔要说的无非是：事物的内向性并非不可穿透的，因为正确的理智态度将直接把这种内向性带给我们。奥尔特加的观点与此恰恰相反，反而和时常被视作他竞争对手的海德格尔比较接近。在奥尔特加看来，无论是观察还是使用事物，都会将其变为自身的影子和轮廓。美学对他而言之所以如此重要，恰恰是因为理论和实践都无法将我们带到事物的内向性当中。简言之，虽然胡塞尔试图完全消除康德意义上被隐藏的本体，但这个概念在奥尔特加和海德格尔那里却仍然占据着重要位置。

因此，在关于物及其性质的问题上，奥尔特加和胡塞尔实际上带来了两个完全不同的发现。奥尔特加在文中曾用专门的术语区分了两个概念：一是事物的形象（image），它可以从外部加以观察和使用；二是事物执行的实在性（executant reality），它独立于我们的观察和使用而存在。不过我想在此改用OOO的一系列术语，它们的意思和奥尔特加的术语大致相同。我们会用实在物（real objects）这个概念来指独立的物本身；但当不谈论物的内向性，而只是说与我们经验相关联意义上的物时，我们就会使用感觉物（sensual objects）这个概念。不妨用雪地摩托车打个比方，胡塞尔那个全新的见解告诉我们，一辆雪地摩托车并非只是一束雪地摩托车式的性质，而是一个持续存在的物，这个物不同于它在任何一个时刻（或任何若干个时刻）所呈现的一系列形象或特征。我们可以从不同的距离和角度观看这辆雪地摩托车，它可以朝我们驶来，也可以离我们而去，它可以被停放在那里，也可以飞越危险的沟壑……在所有这些情况下，我们都把这辆雪地摩托车视作同一件东西，除非有证据表明我们把它和另一辆相似的雪地摩托车弄混了。用OOO的术语说，胡塞尔区分了两者，一是作为感觉物的雪地摩托车，二是这辆雪地摩托车的各种感觉性质，因为前者保持不变，而后者则不断变化。

奥尔特加的观点和胡塞尔不同，却和海德格尔著名的工具分析类似。[28] 奥尔特加认为，胡塞尔意义上作为感觉物的雪地摩托车无非是一个形象和影子而已，它无法把握到作为雪地摩托车的"我"的内向性——注意如前所述，这里的"我"

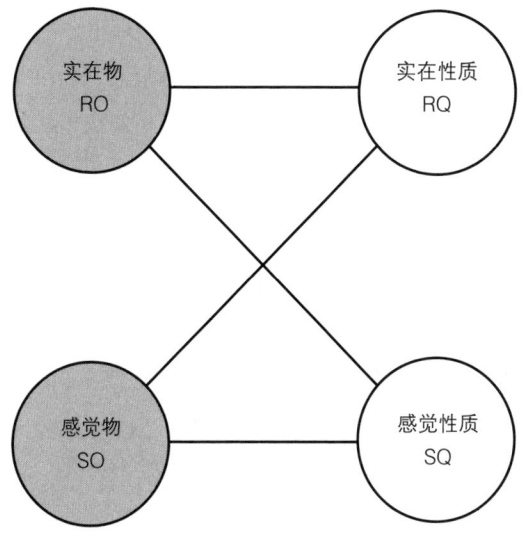

```
         实在物 ———————— 实在性质
          RO               RQ


         感觉物 ———————— 感觉性质
          SO               SQ
```

图 1：物的四重性

存在两种物和两种性质：实在物、感觉物、实在性质以及感觉性质。实在物和实在性质可以独立存在，而感觉物和感觉性质则只能作为与其他实在物的关联而存在，无论该实在物是否为人类。由于物无法脱离性质存在，性质也无法脱离物存在，因此我们只有四种可能的组合，如图中圆形之间的四条连线所示。

并不意味着车辆具有"意识"。奥尔特加大概会说：胡塞尔没有把握到雪地摩托车真正的内向性，只有审美才能给予我们这种内向性。海德格尔在那篇论艺术的著名文章中也做了类似的论述，只是他的观点不像奥尔特加这般具有理智上的力量。[29] 胡塞尔允许我们在作为感觉物的雪地摩托车和它的感觉性质之间作出区分，与此不同的是，奥尔特加（假如他没有错过隐喻的非对称性的话）在"雪地摩托车"这个实在物和它的感觉性质之间作了区分。在奥尔特加那里，性质之所以仍然是感觉的而非实在的，是因为在隐喻中，"柏树"这个物要比所能罗列出的一切火焰的性质都更加神秘，对于体验到隐喻的人而言，这些火焰的性质绝不是隐藏的。即便无法用语言描述，即便我们难以把它们加在柏树上，但我们知道这些性质是什么。一种方便的做法是：我们将实在、感觉、物、性质（real, sensual, objects, qualities）这四个词缩写为各自的首字母。这样一来，我们就可以说：胡塞尔发现了 SO-SQ 间的张力，而奥尔特加和海德格尔则作出了 RO-RQ 的区分。这个结论是至关重要的，其中的原因有两个。首先，OOO 将会表明，时间的意义在于 SO-SQ，而空间的意义则在于 RO-SQ（详见本书第四章）。其次，SO-RQ 以及 RO-RQ 目前还没有正式的名称，我认为需要给它们命名，因为它们虽然不像时间和空间那样声名显赫，但它们在 OOO 的物理论中有着重要的地位。

隐喻的戏剧性

我此前曾指出，奥尔特加完全忽视了隐喻的不对称性，而在隐喻的戏剧性上，他只对了一半。我耗费了十八年弄清了第一点，了解第二点却耗费了我整整二十八年！我们在此要对这一点作简短的讨论，因为戏剧性将是个重要的概念。

首先，不妨回顾一下前文曾引述过奥尔特加的这句话："请注意，我并不是说艺术作品向我们揭示了生活和存在的秘密；我真正的意思是：艺术作品使事物的内向性——也就是它们执行的实在性——看起来像（seem）是向我们敞开的，从而带来了一种叫作'审美'的特殊愉悦之感。"[30] 我们不难理解为什么奥尔特加要在此加上"看起来像"这个说法。因为从定义上说，我们完全无法经由事物的内向性而通达这种内向性的本体，奥尔特加这篇文章也毫无保留地接受了物自体的不可把握性。但与此同时，奥尔特加还要主张艺术具有一种触及执行实在性的特殊方式。然而"看起来像"这个说法在此是令人失望的，因为我们可以想到许多其他方式，它们都看起来像是把握了物自体：如果"看起来像"就够了，那么摄影就足以做到这一点。因此我们和奥尔特加一样面临一个不可完成的任务，一方面要保留物自体的不可通达性，另一方面则要捍卫这样的主张，即：艺术能够触及这些事物的执行的内向性——这意味着一种"无接触的接触"。

由于奥尔特加认为，艺术是一种 RO-SQ（实在物-感觉性质）之间的张力，因此我们的问题就在于：如何确切地知道在"柏树就是火焰"这个隐喻中扮演 RO（实在物）角色的究竟是什么东西。根据定义，这个隐喻中的柏树并不是我们日常经验中的柏树，而是在其执行的内向性中的柏树：也就是那不可通达的柏树自体（cypress-in-itself）。然而，鉴于

OOO认为物和性质总是不可分离的,因此这个隐喻之所以能够成立,是因为火焰的性质不仅和某个柏树曾经所在的、不可把握的虚空融合在了一起,它还通过某种方式与一个物融合在了一起。于是我们便只剩下一个选项,而这是我们不得不接受的,即便那会导致初看之下非常古怪的结论。因为如果实在的柏树在隐喻中也是缺席的——就如同它在思想和感知中是缺席的——这就意味着在我们的艺术体验中,只剩下一个实在物是永远不会缺席的:那就是我们自身。是的,在隐喻中代替缺席的柏树出场,并且支撑起它那新被授予的(anointed)火焰性质的,正是我们自身。要知道,与哪怕是最精确的科学陈述相比,真正的审美体验都更加真诚而有力,上面这个结论意味着我们朝着解释这个现象前进了一大步。在真正的审美体验中(简单说,就是不使我们感到枯燥的体验),我们不再是单纯的旁观者,而是押上了我们的筹码;更确切地说,我们押上了我们自身。奥尔特加已经表明,直白字面的陈述无法深入事物的真正内向性,因为这些陈述是通过把真实的性质归赋给事物而得以运作,但由于事物本身并非一束束性质,因此这个做法永远只会是事物本身的一种肤浅的近似。当然了,我们很希望奥尔特加能够直接宣称隐喻可以完成陈述所无法做到的,但他只是承认隐喻仅仅"看上去像"是可以成功做到这一点。不过这并不算是太大的障碍,因为隐喻并不是要通过深入挖掘的方式来抵达事物本

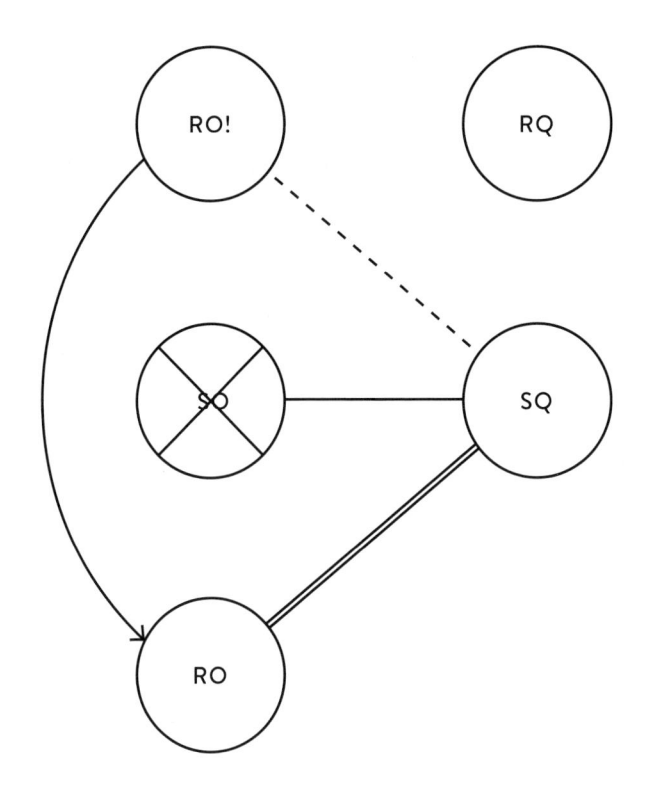

图 2：隐喻

如图所示，我们最初有的是带着感觉性质的感觉物。通过给感觉物指配不太可能但并非绝无可能的新感觉性质（例如"酒暗色的海"[wine-dark sea] 这样的隐喻，而非"深蓝色的海"这种字面的说法），最初的感觉对象（例如"海"）就被取消了（图中的 SO 被画了 ×），因为该感觉物无法支撑起这些非同寻常的性质。因此我们需要某个神秘的实在物来代替它完成这个工作。然而，由于作为实在物的海从场景中退离到了不可把握的地方（见图中上方 RO 旁边标注的"！"），因此支撑起这个隐喻的感觉性质的，只能是一个没有从场景中退离的 RO，这就是我自身，也就是这个隐喻的实在体验者。

身；恰恰相反，在隐喻中，我们自身作为涵盖了火焰性质的实在物而替代了那不在场的柏树：这不是向下挖掘到更深处的过程，而是向上建构到更高层级的过程。虽然这个说法听起来颇为奇怪，但在一个专业领域中，这状况却是再寻常不过：这个领域就是表演。根据斯坦尼斯拉夫斯基（Konstantin Stanislavski）著名的表演体系，演员应当努力尽可能近似地成为他（她）所扮演的角色。[31] 而隐喻的这种戏剧结构令人信服地表明：戏剧是其他门类艺术的根源。因此我大胆地推测：最早的艺术品就是面具，当然，（与珠宝和岩画不同）由于面具材料的脆弱性，历史上并没有留下多少文物来佐证这个推测。

尽管奥尔特加没能进一步扩展他的观点，并从中看出艺术具有戏剧式的核心，但他的确已经很接近这样的一个结论，即：审美中真正重要的实在物不是柏树，而是我们自身。奥尔特加对此作了绝妙的论述："一切可观的形象，当其进入或离开我们的意识时，都能引发一种主体性的反应——就如同小鸟在停落和离开树梢时引起树枝的颤动，或者接通和切断电流时引发新的电流。"[32] 换言之，尽管我们接触到的每个形象都仅仅带给我们事物本身内向性的影子或轮廓，但我自身完全投入到了所有这些经验之中，这不是作为我自身的影子或轮廓的投入，而是一种内向性的投入。无论我遇到的是怎样的感觉事物，我自身都是一切经验中的唯一实在物，而只有在艺术和极少一些其他情形下，实在与感觉之间的张力才会明确地呈现出来。奥尔特加在文章稍后的地方接着指出：在艺术中，我们发现"形象里那些朝着物的部分从属于其中主体性的部分，后者是被我感觉到的，它们是'我'的一部分……"[33] 不过更确切的说法或许是：在艺术中，形象里那些朝着物的部分作为一种戏剧式的（thespian）存在，也作为隐喻所产生的全新的物，成了我们的努力的附属。

隐喻的五大特征

虽然隐喻在哲学论述中的地位通常是比较边缘的，但本书关于隐喻的讨论，至此已经花费了颇长的篇幅。那么我们从中能获得哪些结论呢？我归纳出了五个要点：

首先，隐喻的目的并不是要给予我们关于物的思考或感知，因为这些都只是关于物的外部视角。相反，隐喻给予我们的是某种自身独立存在的东西，也就是那声名狼藉的"物自体"。

其次，隐喻不是相互的（non-reciprocal），因为两个项中的一个不可避免地位于主体的位置，而另一个则位于客体的位置（在语法的"主语"和"宾语"的意义上）。对此不妨举个例子。欧内斯特·海明威的名著《老人与海》开篇就写到老渔夫圣地亚哥，他已经四十八天没有打到鱼了。然后我们读到了下面这句关于老人船帆的令人悲伤的描写："帆上用面粉袋碎布打了些补丁，收拢后看来像是一面标志着永远失败的旗子。"[34] 但不妨假想一下：我们此时读的不是《老人与海》，而是一篇反乌托邦的小说，小说开头描写的是华盛顿特区被一群无知、残暴、毫无教养的暴民占领之后的忧心场面。进一步想象这篇小说的作者描写了白宫上的旗帜——此时在字面意思上说，星条旗已经是永远失败的标志了——他可能会这样写："旗上用胶带打了些补丁，收拢后看来像是一面标志着窘迫的老渔夫的旗子。"这两个隐喻都能成立，但它们显然并不相同。

第三，隐喻是非对称的，这与前面一点有关，但不完全相同。在前文那个被简化的"柏树就是火焰"的例子中，我们既没有把柏树和火焰都视作物，也没有将其都视作性质。相反，"柏树"在隐喻中扮演着物的角色，而"火焰"则扮演着性质的角色。这一点是十分关键的，因为根据OOO，实在物总是要从直接通达性中退离。这意味着柏树从隐喻中消失了，因而那些脱离了形体的（disembodied）火焰性质似乎就要无根地漂浮在文学空间中，永远没有物可供依附。不过我们并未面临这个局面，这要归功于下面这个特征。

第四，鉴于柏树并不在场，并因此无法用于实现隐喻（尽管表面现象看来正好相反），因此唯一能够实现隐喻的就只剩下作为实在物的我们自身。此时如果我不投身其中，并霎时成为那个具有火焰性质的柏树实体的话，这个隐喻就无法成立了。造成隐喻失败的原因有很多，包括隐喻本身的质量不佳、读者的迟钝、厌倦甚至分心等等。就如同笑话，一个隐喻只有当读者或听众真诚地置身其中时才能成立。隐喻并不是矫揉造作的（histrionic），这个词更适用于那些卖弄演技和博取眼球的戏剧表演。舞台上的演员生活在其角色之中是戏剧性的，正是在这个意义上，隐喻也是戏剧性的。当阅读洛佩兹·皮科的诗句时，我们就成了扮演一棵扮演着火焰的柏树的方法派演员。

第五，也是最后一点，隐喻是一门配对的艺术，而非拆解的艺术。也就是说，隐喻的经验并不像知识的经验那么冷酷而疏远。就如同我无法从植物学中直接通达柏树自体一样，我也不能通过隐喻通达柏树自体。我并不是通过深挖自己浅显的日常经验来获得有关柏树的真理，那是向下还原要做的。而隐喻恰恰不是向下还原，因为在隐喻中，我们并不是要消除那些"被心灵附加上去"的视角，从而与柏树保持疏远的距离；正相反，通过隐喻，我们前所未有地把自身附加在了柏树上。不过，虽然我们在此避免了向下还原的危险，但我和柏树之间的这种联系似乎会带来向上还原的弊端。我们不是主张说，由于柏树自身必定不在场，因此我们面对的只是柏树的形象加上我对它的真诚关注吗？这难道不正是梅亚苏所指责的"关联主义"吗？这种哲学沉溺在对人和世界相互作用的思考中，却忽视了人或世界各自的独立存在。不，上面这些质疑都是不成立的。因为我们所主张的无非是：隐喻中真正重要的实在物既不是那缺席的柏树－物（我们无法直接通达它），也不是关注该物的人类，而是那个由（扮演柏树－物这个角色的）读者和火焰的性质共同组成的全新的联合实在（amalgamated reality）。读者和火焰性质是柏树－火焰的两个组成部分。这种全新的、弗兰肯斯坦式的实体，与其说是相关物，不如说是复合物（compound）。在此，我们又一次与近代哲学那阴沉的人类中心主义分道扬镳，因为许许多多的复合物无需人的成分就能存在。总而言之，把柏树和火焰放到一起的隐喻并不是关于既有物的知识，而是一种全新物的生产。

在归纳了上面这五点之后（后面还将提到它们），我们接下来要谈谈另一个与之相关的话题。首先让我们从美学中的"形式主义"（formalism）概念开始，形式主义一般指这样的观点：艺术具有一种内部的实在性，这种实在性不受社会－政治语境或艺术家个人经验的影响。由于对艺术的非关系性自主性的关注，OOO 和形式主义有着天然的亲缘性，科勒布鲁克（Claire Colebrook）曾担心 OOO 会像许多文学批评那样沦为形式主义的纲领，[35] 她的担忧正是这种亲缘性的体现。不过，我们接下来要表明：在前面提到的隐喻五大特征中，只有第一个特征和形式主义美学相容，其他四个特征则不会被任何形式主义者所接受。只要 OOO 仍然坚持这五个特征，那么它就不可能是形式主义纲领。

美学中的形式主义

有人或许会质疑,为什么要给予隐喻陈述优先于字面陈述的地位呢?古希腊(或许是人类有史以来)最博学的思想家亚里士多德就曾告诉我们:创造隐喻的才能是最伟大的天赋。[36] 不过亚里士多德这番话毕竟是在公元前四世纪说的,于是有人大概会反驳说,我们如今的观念可要比那个时代进步多了。人类文明的进步难道不是取决于真正的*知识*,而非诗歌这样的装饰性艺术吗?人们曾经用这样的论述来反驳海德格尔,这位二十世纪的大哲学家认为诗性的语言是优先的,因为它有着最高的深刻性,海德格尔还富有争议(也未必正确)地指出:"科学并不思考。"[37] 实际上,任何哲学立场都会在身后留下新的问题,而OOO所带来的问题无疑就是:它能否公允地看待字面知识。我们将在本书第四章讨论这个问题。但在此之前,我们应当先谈谈为什么OOO要采取这个立场。首先,字面主义在审美中不仅满是缺陷,而且陷入了巨大的失败:没有人能指出《哈姆雷特》或埃德加·爱伦·坡那首惊悚诗《尤娜路姆》('Ulalume')的字面含义,这就如同没有人能把曲面上的三维俄罗斯国土完美地转译到二维的俄罗斯地图上去。字面主义认为,关于某个事物的假设性完美描述能够穷尽该事物,这种描述可以是成段叙述,也可以是数学形式的。这个观点意味着,关于某事物的完美描述与该事物本身是"同构"的(isomorphic),也就是说它们有着相同的形式。然而(打个比方),由于几乎没有人会认为关于鹰的数学模型和真实的鹰是同一个东西,于是字面主义的支持者就不得不诉诸某种"死物质"(dead matter)的概念了。他们会直白或含蓄地表示:数学意义上的鹰与真实的鹰之间的区别无非在于,后者"固定在物质中",而前者则被抽离了一切物质——即便没有人知道所谓无形式的物质究竟是什么东西。两者都体现出同样一系列性质的集合。但前文已经表明,关于这种把物等同于性质集合的观点,胡塞尔、奥尔特加和海德格尔都给出了质疑它的充分理由。事实上,物与它们的性质之间总是存在着鸿沟,在任何领域中,这个原则都始终是OOO方法论的基石。

换言之,可以认为:物的束理论只看到前景而忽视了背景。字面陈述告诉我们的,不多不少就是它所意谓的东西。这通常被视作清晰的命题语言的一大优势:它避免了语言被真假艺术家们那些含混、不着边际的陈述所污染。在我们这个时代,哲学的各个分支都沉迷于如何揭穿闪烁其词的表达中所谓的"无意义"或"模糊不清"的成分,而没有注意到直接或可核实的说法往往也存在同样的问题。虽然事物的背景往往难以察觉甚至深不可测,但一个悠久的思想传统还是充分注意到了它的重要性，海德格尔或许就是这个传统的巅峰，他对那超越一切可见个别物的存在之意义提出了追问。[38]亚里士多德本人亦对这个隐晦的传统贡献良多，只是这些贡献往往被他作为西方逻辑学之父的另一面形象所掩盖。前文已经提到，亚里士多德在《形而上学》中的一个洞见是：个别事物无法被定义，因为定义总是由可知的共相构成（例如"苍白"、"瘦削"或"动物"等等）。相反，个别事物总是具体的，这意味着它永远无法被诸如"苍白瘦削的动物"这样的描述所穷尽。此外，亚里士多德的《修辞学》也是同样重要的，这部古典时代的杰作如今已经读者寥寥，它地位衰落的一个原因就是，今天的人们往往把修辞学肤浅地理解为"单纯的修辞手段"，就仿佛它是正当的智性追求的对立面。[39]《修辞学》的核心主题就是所谓的"省略三段论"（enthymeme），它指的是一种可由听者记在心中而无需演说者明确陈述的三段论。人类的交流中，省略三段论其实无处不在：尤其是在那些直接陈述不明智或惹人厌烦的场合，例如前文中马龙·白兰度的那句"他无法拒绝的条件"，或者切尼对伊拉克的凶狠威胁。亚里士多德指出，如果某个希腊的演说家说，"这个人拿到过三次桂冠"，那么他就没有必要加上"因为他赢得过三次奥林匹克运动会冠军"，因为任何希腊的听众都会立刻领会那句话的隐含义，再多说只会惹人厌烦。到了二十世纪，（在英国被长期低估的）加拿大媒介理论家马歇尔·麦克卢汉（Marshall McLuhan）在代表作《理解媒体》中指出：技术的背景结构要比它们的表层内容更加深刻和重要。他那句著名的宣言"媒介即信息"正体现了这个观念。[40]我们接下来还将看到，美国艺术批评家克莱门特·格林伯格（Clement Greenberg）对现代主义绘画的诠释强调的是绘画扁平画布的背景，而有意忽略画的内容，后者对他而言如同"文学轶事"一般可有可无。[41]

OOO 对于字面主义的不信任，其理论后果有可能显著地体现在教育领域。历史在很长一段时期中间往往会出现逆向发展的态势。在科学尤其是应用科学遭到轻视的时代，大学一度为人文学科所支配。而如今的大学却几乎走到了另一个极端：工程、医学和各门基础科学占据了学术界的贵族地位，而人文学科则被普遍视作"不够硬"的学科，只适合那些不想用功努力的学生。在职业发展的意义上，选择人文学科无异于进入了死胡同（尽管时不时会有诸如《雇主实际上更青睐哲学研究生》之类的文章出现）。此外，当前的人文学科还总是处于削减预算的边缘，有时一门备受好评的课程一夜之间就被取消了。而如果像 OOO 所指出的那样，字面主义存在固有的缺陷，那么知识生产便不可能是教育的唯一目标了，它甚至可能连主要目标也算不上。那样的话，对学生的品味教育就会比现在更加重要：这不仅是为了品尝出"浓郁而丝滑的皮诺葡萄酒"，更是为了使他们能够鉴赏出各种情境下的隐含背景而非字面的前景。

还是让我们回到本章的主题吧。奥尔特加主张：与字面的语言不同，隐喻给予我们的不是事物苍白的倒影，它看起来像是把事物本身带给了我们。奥尔特加认为这仅仅是"看起来像"，因为就像我们无法通过科学和日常经验通达火焰自体或柏树自体一样，我们显然也无法通过艺术接触到它们。根据我们的结论，艺术中的真正实在物来自观看者自身对隐喻物（比如柏树）的替代，以及因此和隐喻性质的结合（比如火焰的性质）。由于艺术的观看者必然会成为"方法派演员"，因此我们要面对的就是一种以戏剧性为首要属性的艺术概念。但奥尔特加隐喻理论的关键就在于它所坚持的实在论。它寻求的是事物独立于其感知者和言说者的那种实在性。事物的字面意义可以被听者和观看者完全地揭示出来，除了我们明确地看到和听到的内容，它不再剩下任何东西。对字面陈述的渴望，显然是渴望告诉我们关于某事物的一切已知和可知的东西，而不留有任何未加明述的背景，这意味着被认知事物与理想的认知者之间的一种关系。与此相反，隐喻带给我们的似乎是独立于其他相关事物的某事物本身。而就像我们此前说过的那样，有一种艺术思想就主张我们应当把艺术作品视作独立的实在，而与它们的任何条件、关系或后果都无关，这种思想通常被叫作形式主义。[42]

康德以及后来的形式主义

美学中形式主义的根源可以追溯到康德哲学。不过，由于康德只在伦理学中明确使用过这个术语，因而我们应该从伦理学开始说起。康德主要的伦理学观点是：只有当做出某行动是出于该行动自身的原因，而非为了获得某些回报的时候，这个行动才是道德的。[43] 如果我表现诚实的目的是让自己更受欢迎，或者是方便在未来竞选某个政治职位，那么这种诚实就不是道德的，它只是为了实现某些目的的手段。类似地，如果我说真话仅仅是因为害怕死后遭到上帝的惩罚，那么我的这种行为虽然可能对社会有益，但它仍然不能算是道德的，因为它是由我关于灵魂的希望和恐惧所驱动的；而如果我的行动仅仅是出于对人类同伴的温情或对我们福祉的关心，那么它也同样不是道德的。康德甚至还作了一个假想的比较：一个人是上述这样的好人，另一个人则是硬心肠的生意人，他之所以帮助他人，只是因为那样做是对的，他没有从中感到任何愉悦。康德由此得出的结论或许是令人惊讶的：他认为后者比前者更加道德。康德曾用不同的方式来表述这个道德原则，但最好理解的说法就是：康德认为道德关乎的是义务，而不是偏好（inclination）。根据康德的道德观，行动的后果与判断该行动是否道德无关。从原则上说，即便一个谎言能够拯救十辆车上的难民免于一死，这也无法成为我们撒谎的合理理由。康德伦理学的形式主义，实际上意味着一种使人与世界彼此区隔的道德纯净化过程。在伦理学只能适用于人——人们承诺各自的义务，并视他人为目的本身而非手段，除此之外的世界以及其中的物则完全无法产生道德作用。

如前文所述，在其对现代性的批评中，拉图尔指出现代主义总是要把人类与无生命的自然隔离开来，使两者互不接触。对康德伦理学的这一方面展开批判的人物中，最伟大的要数著名的德国哲学家马克斯·舍勒（Max Scheler, 1874—1928），他在其学术生涯的大部分时间里都致力于发展一种非形式的伦理学，在其中，我们对世界中事物的激情起着关键的作用。[44] 此外，舍勒还关注了不同的人所具有的不同道德使命。尽管舍勒认同和赞赏康德伦理学的崇高、空寂和冷峻，但他也指出：对于不同职业、不同国家、甚至不同的个人，我们都需要不同的道德法则。就与我们讨论相关的方面说，舍勒伦理学得出的主要洞见在于：形式主义使伦理学免遭出于私心和奖赏目的的影响，这固然值得肯定，但我们也不应错误地假定伦理学是在隔绝状态下的人类自身中发展出来的。伦理学的基本单位不是作为个体的人类，而是人的个体加上他（她）所重视的一切；漂浮在虚空中的灵魂既不可能是道德的，也不可能是不道德的。隐喻的结果是形成一个由作为读者的我和火焰的性质所组成的复合实体，这是一种与社会-

政治含义无关的自主审美经验；与此类似，道德则是由我以及我所感兴趣的那些实体组成的复合物，这些实体或许包括：法国歌剧、德国唯心主义、汽车引擎、射箭、危险的跳伞、园艺等等。在此，我们仍然可以见到形式主义所强调的那种自主性，因为舍勒认为爱或激情本身就是目的，当然，这种观点也招致了一些批评。不过这种自主性已经不再是完全独立于世界的道德人的自主性；相反，它是属于像人-降落伞或人-汽车这样的复合实在物的自主性。这个观点带来的理论后果是非常深远的，因为这意味着理想的道德人已经不再是原先那个尽可能不逃避义务的人，而是一个能够充满激情地探索某个领域，并且把热情发挥到极致的人。

不过，我们在此主要关注的是美学中的形式主义，尽管康德在讨论艺术时从未使用"形式主义"这个术语，但这个概念还是可以用来描述康德美学的核心特征。[45] 康德在美学上的论述和他的伦理学观点十分相似。我们不应当混淆美和快适（agreeable）。我喜爱印度菜、甜食、绿色和芝加哥小熊队，我清楚知道其他人未必都有同样的爱好。我还知晓自己先天就没法品尝出香菜的味道，它们对我而言味同嚼蜡，但我从来不会对其他人在我面前吃香菜感到讨厌或恶心。康德认为，美是完全不同的东西。当某个人完全无法欣赏最杰出的艺术品时，我们会惊讶于他品味上的欠缺。帕莱斯特里纳所作的弥撒吸引的不仅是天主教徒，一切拥有审美品味的人都应当会欣赏它。这些之所以可能，是因为在康德看来，就如同我们都是通过原因和结果而非毫无联系的随机事件经验世界一样，我们所有人也都拥有相同的"先验判断能力"。不过，尽管康德此处强调的是品味的客观性，但他也认为"美与不美，全在观者"。原因和结果只是有限和特殊的人类用于组织世界的方式，它们与世界本身毫无关系，天使或外星人很可能不会有我们的因果观念；与此类似，康德认为美和物本身也毫无关系。在此，我们再一次看到了康德形式主义的真正含义。它不仅是自主性的问题，更是人和世界这两个彼此分离的领域的自主性问题。在这里——也和在其他地方一样——康德强调的还是"人"这一边，因为根据康德的观点，"世界"的那一边是无法直接通达的，它属于物自体的王国。

在康德之后的两个多世纪里，美学中一直延续着强烈的形式主义传统，有时这个传统会占据支配地位。我们可以在二十世纪四十年代至六十年代（尤其是美国）的视觉艺术批评中看到这样的例子，当时在该领域占据主导地位的是克莱门特·格林伯格及其曾经的弟子迈克尔·弗里德（Michael Fried）。这两位重要批评家的论述流露出显著的康德美学的痕迹。不过，尽管他们属于康德意义上的"形式主义者"——虽然他们显然不喜欢这个称呼，但他们主张的是一种逆向的形式主义，在其中，"世界"的那一边要比"思维"的这一边更加重要。例如，康德认为艺术的原则能够从对人类思维结构的考察中直接演绎出来，而格林伯格明确地反对这个观点。[46] 格林伯格甚至站在了和康德针锋相对的休谟的立场，他倾向于接受后者的看法，把人类的集体经验作为评判艺术优劣的依据。但尽管如此，格林伯格仍然遵循着康德的近代哲学分类法，在他看来，万事万物要么属于"世界"一边，要么属于"思维"一边，这两个领域是不可混同的。可以说，格林伯格给出了一个相反的模型，在其中，决定品味的不是人类心灵的普遍结构，而是对艺术品的经验。因此，在格林伯格的形式主义中，我们仍然可以感觉到康德美学对热情介入的那种冷漠而轻蔑的态度。此外，格林伯格青睐那种以自足的非人类事物为对象的艺术，他认为艺术不应受到概念上的奇特想法以及人的因素的污染。这解释了格林伯格为什么对上世纪六十年代的后形式主义艺术充满蔑视，他曾揶揄它们为：

> 一排盒子、一根竿子、一堆杂物、几个庞大的景观建筑项目、一条长达数百英里的笔直壕沟、一扇半开的门、山峦的纵截面、位于真实场所的真实的点之间的假想关系的宣言、一堵空荡荡的墙，等等。[47]

但艺术还是我行我素地前进，格林伯格反倒被视作过气的人物，没有人试图对他艺术批评的根本观念作出真正的回应和反驳。要想对格林伯格作出充分的回应，我们就必须像舍勒批判康德的伦理学一样，对康德的美学展开批判。因为虽然宇宙中许多事物的存在（例如行星或亚原子粒子的运动）并不需要人的参与，但就像在伦理学中一样，人也是艺术中必不可少的一部分。

这一点在弗里德的论述中更加显著，弗里德师从格林伯格，在与后者由于未知原因交恶之前，弗里德一直是他的崇拜者。在1967年的一篇文章中，弗里德对（当时和波普艺术一同引领潮流的）极简主义艺术作了严厉的批评，这番评论与当时主流的格林伯格形式主义原则是针锋相对的。[48] 弗里德指出了极简主义的两个主要问题，他认为这两个问题有着紧密的联系（不过根据OOO，它们其实是完全不同的）。第一个问题是弗里德所谓的极简主义艺术的"字面主义"。当极简主义者把毫无装饰的白色立方体或无用的木杆放置在展厅时，你看到的就是你所得到的。我们面对的是单纯的"物"——弗里德是在和OOO完全相反的意义上使用这个词的。在OOO中，物比任何关系都更有深度，而对弗里德而言，物无非是一个清晰易读但毫无保留的表面；实际上，弗里德甚至说过，极简主义雕塑在他看来是"空洞的"。简言之，弗里德认为，我们通常对艺术都抱有期待，然而在极简主义中，我们没有感到任何美学上的深度。正是出于这个原因，他提出了针对极简主义艺术的第二个批评。由于极简主义艺术作品只是单纯的物和表面，因此它们真正要做的必然是煽动观看者介入到艺术作品中。弗里德将此称为"戏剧性",并且认为这标志着艺术的死亡。

前文已经论述了OOO坚持认为艺术具有戏剧性的原因。弗里德反对戏剧性,并将其视作极简主义把艺术还原为字面表层的必然附带产物,而OOO对戏剧性的态度则截然相反:戏剧性是艺术品终极神秘的直接产物,这种神秘要求人参与进来,并且替代那个永恒地消失在其自身深度中的实在物。如果(和弗里德的观点相反)我们假定极简主义雕塑具有真正的价值,那么这就和隐喻的情况类似:当作为物本身的立方体和竿子消失之际,艺术品的欣赏者成了它们表面特征的新的支撑者。更普遍地说,弗里德混淆了人类在不同情形中所要扮演的两个角色。在一种情形中,我们就如同反实在论的骑士一样仅仅是观察者,因为我们把面对的事物化约成与它们真正的深度格格不入的单纯讽刺画。当奥特加指责我们日常的感知、行动,尤其是字面语言中包含的无非是事物的影子时,他说的就是这种情形。而在第二种情形中,我们是捍卫实在论的骑士,因为在这些场景中,由于柏树、火焰或红盒子等无法被我们或任何其他东西直接把握,因此我们总是唯一的实在物(尽管我们无法直接看到我们自身)。正是在这种情形中,戏剧性成了美学不可缺少的一部分,尽管弗里德正确地指出,任何形式的字面主义都应当被排除在这种情形之外。这个观点意味着,我们不能像格林伯格和弗里德那样，仅仅因为戏剧性而指责那些包含了人的参与的视觉艺术作品，尽管就像任何其他艺术类型一样，极简主义视觉艺术也不乏失败的案例。

无论是在伦理学还是在美学中，形式主义的一个优势就在于它意识到：道德行动或艺术作品都具有自主的结构，这种结构无法完全由其所在的语境加以解释。不过，这并不意味着我们就应该接受那种现代主义的分类法，并不惜一切代价地阻止人参与到非人类的艺术作品中。德国艺术家约瑟夫·博伊斯（Joseph Beuys）曾拍摄自己和一只郊狼共处的影片，这并不是对艺术自主性的损害：因为我们没有理由假定博伊斯本人还不如一支丙烯颜料有资格成为艺术作品的组成部分。我们也不应当仅仅因为建筑总是离不开功能和目的而将其排除出艺术领域，尽管我们的确可以通过是否涉及相应的功能和目的来区分建筑和艺术。[49] 最后，我们也不能假定艺术作品的诠释能完全脱离社会和政治语境。毕加索著名的反战绘画《格尔尼卡》就是一个经典的例子，如果不提及它所描绘的那个残暴的事件，我们便无法理解这幅画，弗朗西斯科·戈雅（Francisco Goya）的系列版画《战争的灾难》也是一样。在文学领域，类似的例子则是《汤姆叔叔的小屋》，这部小说不仅是对奴隶制罪行的控诉，它本身也构成了引发南北战争并最后终结奴隶制的政治因素之一。[50] 不妨假想在一个平行宇宙中，美国的奴隶制延续到了今天，而《汤姆叔叔的小屋》则是一本纯粹的虚构小说，我们显然不难想象这个平行宇宙中的同名作品与真实世界中的《汤姆叔叔的小屋》会有多么不同。OOO既不反对从政治-社会角度对艺术进行诠释，也不反对艺术具有社会-政治效应，但我们要坚持的是：某个艺术作品语境中的每个要素未必都与该作品相关，而一件艺术作品对于其周遭环境介入自身的赞同或反对，则都是通过一个颇为严格的选择过程而达成的。有些领域的学者试图把艺术和哲学降格为政治革命的婢女，他们显然误解了艺术的使命，这个使命的确可能包含政治和其他任何东西，但它的前提是：艺术首先将这些东西美学化。

第三章
CHAPTER 3

社会和政治

在前一章里，我们经由对隐喻乃至更一般意义上的美学的分析，引入了一系列概念。我们发现，艺术并不是关于事物之知识的产物，相反，艺术本身就创造着全新的物自体。此外，我们还进一步讨论了非相互和非对称的关系，这两点都源于以下这个洞见：一方面，事物作为物是统一的，另一方面，它们又拥有无数丰富的性质。我由此得出与弗里德完全相反的结论：戏剧性是美学的必然特征。非但如此，艺术并不是通过清除偶然性质来直接通达物，相反，它积极地把欣赏者和审美对象结合起来，从而产生出全新的复合物。而且应当提醒读者的是，所有这些概念对于理解许多与艺术无关的问题也可能很有帮助。

不过仍然会有人认为，审美只是智识上无关宏旨的休闲活动。对于这些认为哲学就应当追求知识、有时甚至不惜给艺术加上这个残酷脚镣的人，我将在本书的第四章详加讨论。但就眼下而言，我们要谈谈OOO的另一部分反对者，他们认为社会和政治才是哲学中最有价值的主题。在这些人看来，哲学在"这个紧要的时刻"还在自我放纵地探讨美学或本体论这些无用的论题，这无异于在罗马城的熊熊烈火中仍旧歌舞升平。因为我们都是社会的一部分，而且是由政治组织起来的。既然人们总是有充分的理由认为我们的社会即将出现某方面的危机，那么似乎就可以认为：所有的哲学家都应当把他们的全部精力用在这些议题上。出于这个考虑，我打算在这一章暂时放慢脚步，来谈谈OOO在社会和政治理论上的基本看法。而在接下来的第四章，我们将对物与其性质的相互关系问题展开更加广泛和更富技术性的讨论。

　　如前所述，OOO在某种程度上是一种"扁平本体论"，它反对现代主义那个基本假设，即：人的思维与世界上无数的非人类实体在种类上是完全不同的。正是由于这个原因，我们的第一个结论就是：社会和政治理论必须以不同于这些学科通常的方式，把无生命物纳入考虑的范围。因此对于OOO而言，唯一的选择就只有沿着行动者-网络理论（以下简称ANT）所开辟的道路前进，因为该理论对非人类实体给予的关注超过了其他所有的社会理论。ANT告诉我们：如果没有诸如道路、合同、建筑、结婚戒指、指纹技术等等无生命物所发挥的维系稳定的作用，人类社会将长期停滞在猿猴群落的阶段。[1]尽管许多这类物是由人类设计制造的，但这也无法动摇上面的结论。ANT的这个深刻洞见带给我们的帮助，

OOO是难以回报的。[2]虽然如此，ANT还是有不足之处，例如它忽视了前文所述的隐喻理论。[3]隐喻要求一种物自体的力量，而ANT恰恰完全忽略了物自体概念，因为在ANT看来，事物此时此地的行动背后并不存在任何"实体"或更多隐秘的东西。对ANT而言，关系既是相互的（因为结果能够向两个方向传递），也是对称的（因为任何物都无法脱离它的性质而存在）。与此相反，OOO坚持认为许多关系或是不相互的，或是不对称的，有的关系则完全不具备相互性和对称性。前文也已经指出，戏剧性在OOO中是十分重要的，但在ANT中则并非如此，因为ANT既不承认物消失的说法，更不会认为介入的欣赏者会取代这个消失的物，并发挥后者的作用。最后，OOO认为伦理学涉及的是主体和对象组成的复合物，而美学涉及的则是我加上火焰性质之类的东西，借助这个策略，OOO成功地绕过了形式主义的障碍，然而ANT却无法采取这一做法。这倒不是因为ANT坚持认为主体和对象应该彼此分离，互不沾染：其实最早揭示出这种纯粹主义错误的，恰恰是拉图尔在《我们从未现代过》(*We Have Never Been Modern*)一书中的批评；相反，其中的真正原因是ANT反对这样一个观念，即：复合实体是全新的物自体，而不仅仅是短暂的关系性事件。与ANT不同，OOO关注的是我们面对火焰的方式，或者某个道德使命形成独立存在的新的物的方式，而不仅仅是要考察两个永久分离的实体之间的外在相互作用。出于这个原因，我们别无选择，只能以一种和 ANT 截然不同的方式来展开对社会的讨论。

不过在政治方面，OOO 的立场与 ANT 十分接近。这两个理论都不认为政治是一种可以通过科学的证明或熟练的技术加以掌握的知识。诚然，拉图尔式的 ANT 与托马斯·霍布斯（Thomas Hobbes，1588—1976）的权力政治学的关系比我们想象的更加紧密，但在拉图尔的整个学术生涯中，这种理论倾向呈现出迅速减弱的趋势。事实上，恰恰在政治领域的论述中，拉图尔最明确地承认了存在超越一切知识的实在物，而拉图尔唯一一次使用"物导向"这个词，也恰恰是在政治领域的论述中。接下来，让我们首先谈谈社会理论，而后进入关于政治的讨论。

社会

ANT 促成了社会理论的一大进步，并为人类学、民族学乃至社会科学各领域数以千计的学者提供了一套基础的理论工具。[4] 它使研究者能够把非人类的实体引入研究之中，与此相比，福柯的理论虽然影响更广，但却没能做到这一点，因为福柯主要关注的是各种规训实践对人类主体的塑造。除了扁平本体论以及对无生命物更具综合性的论述之外，ANT 还提出了一个有用且好记的格言：追踪行动者（follow the actors）。这句话的意思是说，要想更好地理解一个情境，我们就应当评估其中有哪些有影响的存在者，并且仔细地追踪他们的所作所为，而不是假定我们已经事先了解他们是怎样的人。例如，我们不应事先贸然断言路易·巴斯德（Louis Pasteur）是带来医学革命的伟大天才，相反，我们必须追踪巴斯德生涯中所有和他共事过的卫生学者、他发明的所有疫苗和血清、做实验用的所有的鸡等等，同时考察所有这些人和物在促成医学的巴斯德革命上分别起到了怎样的作用。[5]我们也不应盲目地附和"科学界"关于亚马逊雨林面积增减的说法，而应当加入真正的科学田野考察，观看科学家们如何通过一系列变换来操纵不同的行动者（通常是单纯的物理对象），观看他们如何用手摊开塑料地图，把土壤样本放在参考色带旁边，再把干叶子放入保存册中……[6]最后，如果能够集中关注种种不同规模的行动者，我们就有权利质疑那类令人沮丧的说法了——这些说法总是认为我们处在"社会"或"资本"无所不在的压迫之下。我们被迫要对社会作出更加具体的断言。所有这些原则都促成了一个真正活跃的ANT学派，它所表现出的勤勉作风，它的广泛性、包容性、世界主义以及乐观主义等，都是非同寻常的。

不过，正如本章开头指出的那样，我也发现ANT存在一些缺憾——我觉得哪怕是最杰出的思想方法，如果有人在上面花费数十年时间研究的话，发现其中一些缺憾也是很正常的。首先，ANT 认为，事物作为行动者，可以被完全界定为它们施加在其他事物上面的结果，但这样一来，ANT 就无法在事物本身和它们的结果之间作出区分了。这也使其成为一种向上还原的方法，它与唯物主义理论正好相反，作为一种向下还原的理论，唯物主义混淆的是事物本身和它们的组成。或许有读者要问：为什么这构成了社会理论的问题呢？社会领域的学者主要关心的难道不是事物的结果吗？他们不是对事物在纯粹意义上是什么不感兴趣吗？并非如此。毕竟，历史、政治、艺术、建筑，乃至人类的一切科学或审美学科，都可以归结为它们对于反事实论证（counterfactual argument）的开放性。一个反事实论证必然要假定：无论是巴斯德、斯大林，还是艾米莉·狄金森，他们都超出了各自实际上所成为的东西，因为我们可以假想这些人类物处于许许多多与真实状况不同的情境中。因此，我们不能把这些历史人物简单地等同于他们所做活动的总和。诚然，ANT 非常擅于为已经发生的事赋予生命，因为它可以回溯和唤起过往所有促成某件事的行动者——而且这些行动者往往是出人意料的，但迄今为止，我尚未看到任何一个成功地将 ANT 用于反事实分析的例子。这其实并不奇怪：如果巴斯德本身就是由一系列行动组成的行动者，那么把巴斯德从他的真实情境中剥离出来，并想象他处于和真实不同的情境中还能有什么意义呢？与此相反，在 OOO 看来，巴斯德——就像任何其他人一样——

是物而非行动者，这意味着巴斯德既比他的组成部分要多，又比他一切行动之结果的总和要少。这至少意味着我们并不难想象巴斯德处于任何不同于真实状况的情境之中，也就是说，对巴斯德做反事实分析并不困难。而倘若没有OOO方法的帮助，我们就无法想象任何不同于真实历史的状况了。我们把"事件"看的太高，却把"物"看得太低，这会导致对过往之事的宿命论态度。

其次，ANT的事件理论就与它的行动者理论一样扁平，但事件理论的扁平性会带来否定性的后果。在ANT看来，一切发生的事——无论它是多么琐碎或者多么重大——都同样是事件。如果拿破仑在他1807年的生日那天掉了一根头发，那么作为一个行动者，拿破仑就发生了一个微小的变化；当拿破仑在耶拿的那场重大战役中取胜，他也成了和之前不同的行动者。这就意味着，拿破仑掉了一根头发和他在图林根取得改变历史的胜利之间只有程度上的差异，这是难以令人信服的。对于这个质疑，ANT会回应说，这两个情况当然有区别：与一根头发落在地上相比，耶拿的胜仗所动员的行动者数量及其对行动者地位的改变都要大得多。但ANT仍然坚持一切事件都是平等的，因为只有当任何事物之间发生影响的时候，事件才得以发生，而事件之间的差异都只是程度上的。相反，在OOO看来，这种变化观并不充分，因为它的渐变主义（gradualism）色彩太浓，导致无法在琐碎事件和剧变式（transformative）事件之间作出区分。此前其实早有学者对达尔文式的演化生物学提出过类似的反驳，例如尼尔斯·埃尔德里奇（Niles Eldredge）和斯蒂芬·古尔德（Stephen Jay Gould）就曾指出：演化是由一系列"间断平衡"（punctuated equilibria）组成的，在其中，较短的快速变化期和较长的生物稳定期交替发生。[7] 不过对OOO产生更大影响的，当属已故生物学家琳·马古利斯（Lynn Margulis），她区分了渐变环节与不同生物间的共生环节，在共生环节中，变化会造就与此前不同的全新生物。[8] 尤其值得一提的是简单原核细胞向复杂真核细胞的演化，这种演化被认为是细胞吞噬了原先独立存活的细菌，而后者渐渐成为该细胞内部的永久细胞器。这种共生关系所体现的不仅是两个不同行动者之间效应上的互换，而且是两个实体通过吞噬而造成的全面改变。通过这种改变，寄生实体在细胞内部获得了新的住所，宿主细胞每次分裂时，寄生实体也相应地发生分裂。与此同时，宿主则从寄生者那里获得了额外的好处：例如，它由此能更好地代谢大气中的氧——氧会对细胞造成致命损害。此外，OOO对于共生关系还有三点附加的论述。首先，我们应当把共生首先视作一个传记概念（biographical），而非生物学概念（biological）。它不仅意味着细胞与其他实体之间的共生关系，还可以指体制、历史物等比生物个体更大的物之间的共生关系。其次，与马古利斯的理论不同，我们认为共生关系未必是相互的。A物可以与B物形成共生关系，但反过来说或许就不成立了。例如，希腊的独立战争改变了拜伦的诗歌创作，但不能说拜伦的诗歌改变了希腊；越南战争极大改变了参与其中的每个士兵，但不能说单个士兵改变了这场冲突。第三，OOO强调共生关系的本质是非对称的。就像隐喻一样，共生并不是两个物在字面意义上彼此交换共同属性和益处的过程，而是一个物剥去另一个物之性质的过程。

ANT社会理论的第三个，也是最后一个问题就是：它根深蒂固地认为所有的事件都属于同一类，因此ANT无法对历史实体的生命周期给出解释，因为这种周期首先是传记意义上的，而非生物意义上的。也就是说，我们需要区分出生与死、成熟与衰败，以及位于中间的共生过程，因为它不仅是生物性物的特征，而且是一切社会性物的特征。而要想做到这一点，我们就不应把物之间的互动关系仅仅视作行动者的相互影响，因为那样我们就无法在不同种类的影响之间作出区分。与此相关的一个问题就是，ANT无法区分物的生命中的主动环节和被动环节，因为在ANT看来，一切关系都具有相互性和对称性。尽管这使ANT得以避免像其他社会理论那样过分沉溺在关于剥削、压迫和主宰的讨论中，但毫无疑问，这些令人不快的关系的确是存在的，而且我们必须能够对其做出说明。虽然对盐矿里的工人来说，他们有可能真的只需重新安排情境中的各个行动者就能在与跨国矿业集团的对抗中占据上风——ANT在原则上允许这种状况，但我们知道，这类关系在实际上往往非常不具备相互性，而且在概率上往往对处于统治地位的行动者非常有利。考古学家伊恩·霍德（Ian Hodder）把这种状况称为纠缠（entanglement），这样的概念是ANT所缺乏的。[9]虽然人际间的压迫关系是左派知识分子的主要议题，但这并非霍德的主要关注点，相反，霍德关心的是人与事物的关系，正是在这种关系中，人与那些经常是非必需的"东西"（例如塑料小饰件）之间形成了社会和经济上的"纠缠"，这种纠缠使人类这个物种的长期生存变得更加困难。

美国南北战争

如前所述，《非物质主义》是我新近的一本关于OOO与社会理论的著作，在那本书中，我把荷属东印度公司作为研究的案例，详细讨论了这个延续了几乎两个世纪的历史物的诞生、成长、衰退和死亡，没有任何东印度公司的雇员（或许也没有任何船只）能够完整地经历所有这些过程。在这一节中，我将以另一种社会实体为例，对OOO理论的运作机制作一番扼要的阐述，这个社会实体就是美国南北战争（1861—1865），我正好对相关领域有较为详细的了解。有人或许会问：战争在什么意义上算是一个物呢？它难道不是一个由许多不同的物组成的"事件"吗？不妨回想一下，根据OOO，物未必就是坚固、简单、无生命、可持存的物理之物；一个事物成为物的唯一条件就是：它既无法被向下还原为各组成部分，又无法被向上还原为各种结果。显而易见，无论我们有着多么丰富的关于南北战争的信息，我们都无法把这场战争还原为它的各个组成部分。在此，我们有必要了解一下美国1787年宪法中的一个妥协之处，它实际上推迟了奴隶制问题的解决：这种"特别制度"（也就是奴隶制的委婉说法）只允许在美国南方存在，而不得用于北方各州。这个条款导致南北方在一系列问题上产生了分歧，包括各州对奴隶政策的决定权、十九世纪四十年代的美墨战争，以及当时正在进行中的"堪萨斯内战"。还需要了解的是，1859年，废奴主义者约翰·布朗（John Brown）对哈珀斯费里兵工厂发动了袭击，试图借此把奴隶武装起来发动起义，但布朗及其同伴为此被枪杀和绞死。但南北战争显然不能被还原为这些前序事件。因为在那段时期的许多其他事件也有可能导致南北战争。概括地说，我们不可能把某个事物历史中的所有细节都铭刻在该事物上。这个世界会忘却许多东西，世界中的每个物都是一样。

我们同样也无法对南北战争进行相反方向的还原，也就是说，我们无法通过向上追溯外部结果或可见特征的方式来还原这场战争。一方面，就像一切实在物一样，南北战争必然不同于我们对它的任何诠释和理解。就如同世上任何讨论的议题都不会有最终的定论一样，我们对这场战争的描述可以有好有坏，但它永远不会是唯一确定的。这场战争甚至无法被还原为它对于后世美国所造成的后果的总和，因为后来的美国时常把南北战争最重要的一些教训抛诸脑后；实际上，2016年的美国几乎面临着和南北战争前夕同样严重的两极化状态，如今在政治议题上对垒的南方和北方也和当年的交战双方几乎完全相同。当前一些州甚至重新出现了要求脱离联邦的呼声，尽管这在目前还是很不现实的。

分析任何个别物时，我们首先要做的往往是确定它的时空边界。南北战争在空间上是很好界定的。诚然，这场战争在伦敦和巴黎引发了外交风波，而且南方军舰"阿拉巴马号"的沉没也发生在法国海岸，但南北战争大体上是限于美国各州领土范围之内。相比之下，它时间上的边界就有些曲折了，许多历史物都有这个特点。林肯总统曾宣称美国这种一半自由、一半奴役的分裂状态是无法持久的，那么我们是否应当把1860年林肯当选总统作为南北战争的起始点呢？或许我们应当把起点定在林肯当选的一个月之后：当时南卡罗莱纳州在尚未确定是否合宪的情况下就率先宣布脱离联邦。战争起始点的第三个选项或许是把它定在1861年2月美利坚联盟国（CSA）在里士满成立的时刻，其第一任总统是杰弗逊·戴维斯（Jefferson Davis），里士满政府成了华盛顿政府的直接竞争对手。最后我们还有一个黑马选项：这就是把林肯于1861年三月就任总统的时刻作为南北战争的起点，因为林肯的就职加剧了南方各州的恐惧感。然而，无论我们选择上述的哪一个作为南北战争的起点，都会给局面带来更多困难。当确定某个物在时间上的起点时，我们事实上应当遵循字面主义原则，正如所有字面意义上的问题一样，该原则意味着这个时间上的起点必须是可知的。这与物的生命中后来发生的共生过程形成了鲜明的对比，共生过程具有非字面的特征，它往往要比起始点更加有趣和重要。此外，我们还应注意的是，我们周遭总是在不断地产生着无数的新的物：无论是新的友谊、新合同，还是新的俱乐部、新的社会趋势等集体物，许多这类物往往是非常短暂和不起眼的。美国南北战争开始这个事实未必就是非常重要的。当时不少专家都预计这场战争会很快结束，当北方联邦军的谢尔曼将军（William Tecumseh Sherman）正确预测出战争将会伤亡惨重时，许多人甚至认为他说的是疯话。在当时的若干个节点上，这场冲突其实是可以避免的，那样的话，南北战争或许只会在美国历史中留下一个额外的注脚，而不会演变成西半球史上最血腥的战争。那么南北战争究竟是何时开始的呢？由于我们谈论的不是南方州的分离或联盟国的成立，而是战争本身，因此我们只需考察战争的第一枪是何时响起的。众所周知，1861年4月12日，这一声枪响发生在南卡罗莱纳州查尔斯顿附近的萨姆特堡与叛军的交战中。虽然南北战争在这一刻开始,但它或许会很快偃旗息鼓,虽然实际上这样的可能性不大。例如,南方各州似乎有可能对萨姆特堡的交火进行赔偿,或者可能用他们俘获的叛军作为和北方谈判的筹码,并借此获得延续南方"生活方式"的保障。之所以这么说,是因为虽然萨姆斯堡的交火是拉开战争序幕的分水岭,但那个时刻本身的重要性只能取决于冲突后来的演变情况,根据马古利斯的理论,这构成了一种共生关系。可以说,虽然诞生的物不计其数,但真正能被拣选出来的并不多。

不过,事物的死亡就有些不同了。对于战争之类的物,字面主义能够很好地标示出它们诞生的时刻:例如查尔斯顿萨姆斯堡五十台火炮的轰鸣之类。但某个物如果要持续存在的话,它就需要满足比字面主义更高的标准。要知道,某个物完全有可能在其实体死亡之后,还以名义的方式继续存在;相反,以名义的方式诞生则是非常困难的,因为一旦某个物的诞生条件在字面上被满足,这就意味着该物诞生了。在《非物质主义》中,我也提到了英属东印度公司(EIC),这个机构虽然比荷属东印度公司更早成立,但直到克伦威尔时代的改革之后,它才真正繁盛了起来。把 EIC 开始产生重要影响的时刻视作它的起点是说不通的,因为那就相当于把事物的存在还原为该事物对其他事物影响程度的大小,这是 ANT 方法论的一大缺陷,也是我们尽力要避免的。可以认为,一旦某事物得以产生并且繁荣发展，字面主义就不足以维系其存在了。即便显赫的家族或秘密会社已经名存实亡了几个世纪，在表面上也可能显得仿佛仍然存在的样子。而即便直到1965年仍有残留的日本战斗人员躲在太平洋小岛上朝着游客和军人射击，这也并不意味着第二次世界大战要等到他们全部被消灭才能宣告结束。这些与世隔绝、头发斑白的日本老兵无非只能充当茶余饭后的谈资或者人类学家的研究课题。南北战争也具有这种特点：我们应当接受通行的看法，把南北战争结束点定在1865年4月9日的弗吉尼亚州阿波马托克斯法庭，也就是北弗吉尼亚的罗伯特·李将军向波托马克的尤利西斯·格兰特将军投降的场合。在那之后发生的所有事件，包括林肯六天后被刺杀、联盟军的将领约瑟夫·约翰斯顿在总统遇刺三日后的投降，以及一段时间之后联盟军在得克萨斯州的投降，这些都属于南北战争的后果而非战争本身。而假设南方各州的游击队撤退进了阿巴拉契亚山脉，并且在那之后的一百年间继续进行袭击和破坏活动，我们显然会将其视作美国历史新篇章中的偶发事件，而非南北战争本身的延续。

这样一来，我们就得出了美国南北战争那个并不出人意料的诞生和消亡的日期：1861年4月12日至1865年4月9日，用现在的标准看，这场战争是相当短暂的。看到这里，有人或许就要对这个时间段做仔细的考察，并假定其间发生的事件原则上都属于同一类，然后按时间的先后把它们一一罗列出来了。然而，OOO并不通过物——请时刻记住，"事件"是包括在物里的——的影响来评估它。就如同最耸人听闻的头条报道往往缺乏持续的影响力一样，带来最重大变化的事物也往往不是那些外部影响最突出的事物。如前所述，OOO关注的是物发展过程中的几个阶段：这些阶段主要不是由物的内部发展引发，而是某种共生变换（symbiotic transformation）的产物。与物的诞生不同，这种互动关系并非共享某些特征的两个项（例如"钢笔就像铅笔"）的字面组合；相反，它如同我们在隐喻中看到的那种近乎失败的组合（例如"柏树是火焰"）。隐喻关系只有当事物间具备一种较弱的相似性时才能成立，反之，当相似性不明显或者过于意义重大时，隐喻关系都是无法成立的。这有点像社会学家格兰诺维特（Mark Granovetter）所谓的"弱联系的强大之处"。格兰诺维特认为：尽管我们通常从最亲密熟悉的人那里获得强大的情感和经济支持，但给我们生活带来最大变化的那些事件，却往往是由交情不深的朋友或仅有几面之缘的人所开启的。[10]于是我们可以得出一些标准，它们有助于找到那些为共生关系奠定基础的弱联系。最显著的一个标准就是，虽然最明显的联系往往是共生性的，但我们更应该寻找那些带来变化的不可逆联系，而不仅仅是明显的联系。另一个标准则是，我们应当可以从特定的失败中看出某个联结的弱点，因为当两个物过快且过于轻易地彼此契合时,这种联系往往意味着字面上的联合,而非共生性的联结。

在《非物质主义》一书中,我首先对荷属东印度公司(VOC)早期历史中的共生关系作了界定,然后我论证得出:当所有的共生过程都最终完成的时候,VOC便得以成熟(mature),接下来的阶段就是熟透(ripen)、衰退以及死亡。对美国南北战争而言,更方便的做法应该是先从中间来到结局,而后再回过头来考察起始处的共生关系。在许多情况下,物在抵达成熟期之后很久仍会持续存在:VOC就在度过成熟期后持续经营了一个多世纪。然而,像战争这样的物则是内在地趋向自身的结局——这就是我们所说的那种自我毁灭或自杀性的物——因此它们在抵达成熟期后往往不会持续很久。那么所谓物的成熟究竟是什么意思呢?根据OOO的社会理论,物的成熟意味着它不再具有继续共生的空间了。在成熟期,此前关于某物终极命运的不确定因素,如今通过与其他物建立不可逆联系的方式得以确定下来,而此前的共生恰恰意味着这种不可逆性。对于某物而言,它唯一能做的就是通过消费环境来从自身已经成为的东西那里获益;该物也随之进入了熟透的阶段。与此相反,衰退意味着某物的共生变得过于字面,以至于它的各种附加物妨碍了其自身在多变环境中生存。具体就VOC而言,随着欧洲市场对茶叶和巧克力的青睐(它们的产地位于英国而非荷兰的殖民地),VOC原先在肉豆蔻和豆蔻皮等香料贸易上的支配地位反倒成了负担。

对美国南北战争来说，它的成熟期——也就是战争形式上的一切阻碍都最终被消除的阶段——发生在北方的尤利西斯·格兰特和南方的罗伯特·李的决战时刻，两人都是具有传奇色彩的指挥官。此前格兰特的活动主要限于西部战区，与此同时，东部战区的屡战屡败迫使林肯总统频频换将。相反，李的军事活动则主要集中在弗吉尼亚以及附近几个中大西洋区的州（马里兰、宾夕法尼亚，以及后来的西弗吉尼亚）。尽管格兰特往往被描绘成土里土气的屠夫，而李被认为是优雅而绅士的战略家，但关于两者才能的这种观点是完全可以颠倒过来的。例如，在一种新的视角看来，格兰特预见到了铁路运输在战争中的重要作用，而李则像是拿破仑更短命的翻版，他虽然取得了许多显赫的胜利，却在长期的消耗战中败下阵来。无论如何，一旦交战双方的指挥官最终来到了同一个舞台上，这场战争的发展就走到了尾声，而它最终如何演变就只是个时间问题了。尽管格兰特和李之间的第一场战斗发生在 1864 年 5 月 4 日，但我认为，从同年 3 月 2 日林肯把格兰特提拔为中将和联邦军总指挥官的那一刻起，南北战争就获得了它的成熟形态。虽然真正的战斗直到两个月后才打响，但整个局势已经在那一天达到了最高点。此后的欧弗兰会战中，格兰特率军对联盟军的首都里士满发动总攻，一路上在瓦德尼斯、斯波特瑟伐尼亚、北安纳和冷港等地与李率领的北弗吉尼亚军打了一系列战役，并最终以一种真正属于格兰特的方式攻到了里士满南边的铁路枢纽彼得堡城下。我们可以把这整场会战视作南北战争的熟透阶段，而战争的衰退期则始于联邦军对彼得堡长达九个月的围城，直到来年春季，围城才因李的部队弹尽粮绝而告终，它是半个多世纪后第一次世界大战中艰困的壕沟战的预演。和 OOO 相反，ANT 并未给我们提供任何理论工具来对这些阶段作出清晰的区分，因为在 ANT 看来，所有事件都是平等的，即便我们可以认为其中有些事件更重要一些。

南北战争中最令人迷惑不解的一个事实或许就是：格兰特和李的决战在南边还产生了一个镜像，那就是格兰特的前副官、西部战场的继任者谢尔曼将军对佐治亚州亚特兰大的进攻。最初与谢尔曼对阵的是约瑟夫·约翰斯顿将军（不无反讽的是，约翰斯顿在两年前正是被李接替的），后来约翰斯顿的位置由桀骜不羁的得克萨斯人约翰·贝尔·胡德继任。两军交战不下十余次，最后，随着胡德于 1864 年 9 月 1 日撤退，谢尔曼终于在翌日占领了亚特兰大。佐治亚州会战的重要性是毋庸置疑的：当时林肯总统正处于竞选连任的关键阶段，他的竞选对手是乔治·麦克莱伦。六月中旬，当格兰特在彼得堡的壕沟战中陷入胶着时，谢尔曼及时占领亚特兰大释放出战事进展的信号，从而确保了林肯连任成功，而假如麦克莱伦在竞选中战胜林肯，他很可能在条件尚未完全成熟时就签署和平协议，从而使南北战争以一种反事实的方式"死去"。然而，佐治亚会战所起的作用在更大程度上是否定性的：如果亚特兰大的战役演变成旷日持久的围城，那么南北战争当然有可能失败，但佐治亚的任何战局，无论是光荣的胜仗还是不光彩的劫掠，都不足以确保联邦军赢得战争。无论谢尔曼向亚特兰大的胜利挺进是多么振奋人心，也无论他后来在向萨凡纳和南、北卡罗莱纳进军时的劫掠是多么过分，整场战争都已然随着1864年6月的彼得堡围城而进入了衰退期。在那之后发生的一切，都无非是某种扫尾和清剿的工作而已。如前所述，李在阿波马托克斯法庭向格兰特投降就已经标志着南北战争的死亡，尽管联盟军的其他部队当时并未投降。

我早前曾指出，南北战争的诞生和死亡分别是它最具标志性的两个时刻：1861年4月的萨姆特堡，以及1865年4月的阿波马托克斯。它的成熟期的字面性要比这两者都弱一些，因为我们注意到：从格兰特1864年3月2日被任命为联邦军指挥官，到他同年5月4日与李的第一场战斗之间，有六十三天的间隔。从本体论上说，这里涉及的是三件不同的事物。物的诞生通常伴随着某些字面意义上的事件，后者往往有着特定的时空区域，例如对萨姆特堡的炮击。而物的死亡有时则会发生在该物字面意义上的结局之前，因为物通常可以仅在名义上存在。不过无论任何时候，但凡出现共生现象——例如格兰特被任命为联邦军指挥官就是南北战争中的最后一个共生现象——真正的阶段改变与它在某些嘈杂的外部事件中的回响之间就会出现延迟。这方面还有一个很好的例子,那就是第二次世界大战的西线战场上发生的所谓"假战"(Phoney War):1939年纳粹德国入侵了波兰,英美联军随即向德国宣战,但在宣战之后的整整八个月时间里,双方没有发生任何实质性的交火。[11] 与军事无关的案例也比比皆是,无论是在恋爱还是在工作中,某个关系进入新阶段往往发生在任何人把这件事明确表达出来之前。黑格尔于1831年11月14日去世,我们可以认为这是德国唯心主义哲学的黄金时代终结的标志,但当时这种终结的征象并不显著,直到后来,随着谢林(F. W. J. Schelling)在柏林的讲座渐渐失去了号召力,人们把热情都投注到恩格斯、克尔凯郭尔和巴枯宁(Mikhail Bakunin)等新一代思想家那里,唯心主义的黄金时代才真正过去了。[12]

让我们重新回到讨论的主题上来。我们如何评价发生在1864年之前的那些共生关系呢?它们不是促使了南北战争走向成熟吗?对此,我可以给出一个有帮助的思路:共生关系发生在两个既有的物之间,而"事件"则无疑只是这些物的相互作用所产生的回响。尽管自二十世纪初以来,许多哲学家就致力于用流变的动词替代静止的名词,但这并非OOO要采取的路径,相反,OOO认为这是一种虚假的创新。我们所关注的恰恰是名词,而且我们没有理由去指责那个老套的教科书准则,即:名词就是人、地点和事物。我有充分的理由推测,大多数的物——无论它们的规模如何,也无论它们是不是人类——在获得其成熟形式之前,往往要经历大约五到六个共生过程。这意味着平均说来,每个范畴的名词大致都经历过两个共生过程,我们可以借助两个特征来判别这些共生过程:一是它们的不可逆性,二是它们对于物进入新的传记阶段所起的显著的促进作用。当然,共生过程未必都需要两个人、两个地点或两件事物。比如,在荷属东印度公司(VOC)的案例中,我就只找到了一个达到共生地位的人,他就是 J. P. 科恩(J. P. Coen),科恩成功地使 VOC 走上了充满暴力的垄断之路。此外我还发现,VOC 对于巴达维亚、马六甲海峡以及东香料群岛这三个关键地点的占领和征服也具有共生性。最后,具有共生效应的还包括两件"事物":一件是 VOC 新设立的总督职位,另一件则是该公司在 1625 年前后把战略重点转为亚洲内部的贸易和运输。[13] 说了这些之后,让我们看看南北战争涉及了哪些共生关系。

我们不妨从"人物"范畴的考察开始,因为这或许是难度最低的。如前所述,格兰特和李的最后决战构成了南北战争的高潮,这两位将军也是战争中最关键的人物。毫无疑问,林肯是这段历史时期中最伟大的人物,但就南北战争而言,他更多是战争爆发的一个必要原因,而非亲身参与其中的人。

尽管林肯的战略构想大体上是合理的，但就如同南方各州的战略会议一样，林肯只属于南北战争的背景，他并未成为战争自身生命的一部分。当然，即便像格兰特和李这样的军事家，他们的才能有时也不免受到质疑。例如有些年轻学者就坚持认为，擅于训练士兵的麦克莱伦要比格兰特更加值得尊敬。而在南方阵营，最杰出将领的竞争者就更多了，其中包括"石墙"杰克逊、后来成为三K党徒的内森·福里斯特，以及年纪轻轻就在纳什维尔战死沙场的爱尔兰裔军官帕特里克·克利伯恩。不过我们注意到，麦克莱伦本来有很多扭转战局的机会，但他都完全没能把握住；而上面这些南方将领更是没有一个具备李那样的战略影响。我在前面曾郑重地提到，重要的物在抵达成功之前总是要经历失败，因为真正独立的物都会在某种程度上与环境格格不入，毕竟它不是那种专为提高环境的成效而存在的备用部件。对格兰特将军而言，他在战争前就经历了一系列挫败：他早年因酗酒的传言断送了军旅生涯，后来只能以伊利诺伊州加莱纳一支志愿军领袖的名义入伍参战。格兰特上升到共生地位的关键时刻，可以追溯到他1862年初对亨利堡和多纳尔森堡的突袭，这场胜利使他获得了"无条件受降"的绰号。然而也是在1862年，格兰特在田纳西州的西洛（Shiloh）由于联盟军的突袭而遭到了惨败（我的曾曾祖父斯皮尔·哈曼当时就在格兰特军中，他在这场战斗中挨了两颗子弹）。在1864年的瓦德尼斯战役与李初次交手之后，格兰特在得知自己几乎失去整支部队时更是曾痛哭失声。而不久之后的冷港战役中，格兰特坦承自己决策失误：他的正面进攻策略造成了大量不必要的伤亡。这些并不算严重的错误，恰恰体现出格兰特无法完美地融入他所在的语境。一位（像他的几位前任那样）更谨慎的将军固然可以避免这些错误，但他们也缺乏格兰特对战争的那种深刻的理解，林肯显然看到了这一点。

对李而言，鉴于其在战前生涯取得的巨大成功，他的失败主要是限于战争范围之内的。在战争最初的几个月中，李在西弗吉尼亚和麦克莱伦交战时的表现并不好，此后他担任了驻守海岸的繁重任务，并负责加强大西洋港口的守备。一直等到约翰斯顿在半岛战役中受伤之后，李才被任命为北弗吉尼亚军的指挥官；也直到此时，李才真正成为李。他在战争后半段最严重的失误，显然就是在 1863 年葛底斯堡战役中命令皮克特向联邦军发动中路冲锋，这个举动导致皮克特军团的全军覆没，尽管它最初的成功往往被后人视作"联盟军所能达到的巅峰"。这些失败丝毫不会减损李的形象，相反，它们往往标志着李的伟大品质还处在尚未融入和尚未掌控周遭环境的阶段——当然，葛底斯堡的失败表明他当时已经无法掌控环境了。

现在让我们从人物转向地点，在此我们对共生的选取似乎会更加令人吃惊。1863 年 7 月 3 日，葛底斯堡战役以南方的失败而告终,这宣告李对北方的第二次(也是最后一次)进军的结束。在许多人看来,这场发生在宾夕法尼亚州的为期三天的战斗标志着南方在整场战争中的失败。而仅仅一天之后,也就是具有标志性的7月4日,格兰特接受了密西西比州维克斯堡的投降。虽然维克斯堡战役的知名度远远比不上葛底斯堡战役,但前者比后者更具有共生转变的特性。当然,基于ANT的南北战争分析会把葛底斯堡放在更重要的位置,因为它是南北战争中最旷日持久,也最富戏剧性的一场战斗,它对交战双方显然都非常重要。一方面,假如皮克特的冲锋获得成功,联邦军的中路出现溃败,那么这场战斗就会使联盟军占领北方的土地,这又会使林肯承受更大的压力从而展开停战谈判。另一方面,如果联邦军指挥官乔治·米德下令对李撤退的部队进行更猛烈的追击,并且在他们渡河时发动进攻,那么整支北弗吉尼亚军就有可能全军覆没;而米德也有可能成为后来的美国总统,而不至于在军事和政治史上都被格兰特的光芒盖过。但这些重要性与共生并不相干。无论哪一种可能情况——无论是李在葛底斯堡取胜,还是米德全歼了李的部队——它们充其量都只能导致战争的结束,而无法促使战争进一步发展。与此相反,维克斯堡战役不是战争的结束,而是其中的关键转折点。随着固若金汤的维克斯堡的陷落,北方军在一定程度上控制了整条密西西比河,尽管正式地说,纳撒内尔·班克斯将军(Nathaniel Banks)整整花了一周时间才扫清了路易斯安那州哈德森港的最后一处联盟军据点。随着北方军实现了对密西西比河的完全控制，西部战场就变得无关紧要了，这就使得战争的焦点转移到了弗吉尼亚州的决战。在维克斯堡战役中，我们也可以找到通常伴随着共生的那些失败和创新之处。格兰特最初试图直接从河上向维克斯堡发动进攻，但在多次失败之后，他想出了天才的计策。格兰特先是在炮火的掩护下连夜坐船沿河而下，然后切断了自己部队的给养，让士兵们在河边农地自行采集食物；接着他率部队向内陆挺进，并在5月14日攻下了维克斯堡东面50英里处的州首府杰克逊城。随后，格兰特实施了那个堪称经典的军事计策：他沿着铁路南下，切断了维克斯堡的补给，并且从后面包围了这座城市。战役中的另一处创新则体现在对维克斯堡的总攻上，当时格兰特、谢尔曼和麦克弗森三位将领历史上第一次依靠事先对好的怀表指挥了协同攻击。[14]

OOO认为维克斯堡战役是南北战争的关键一役，大多数历史学家对此大概没有异议。但除了维克斯堡这个河畔要塞，战争中还有其他值得一提的重要地点吗？这个问题或许没有所谓的正统答案。我在前面已经指出，葛底斯堡并不在选项中，人们之所以对葛底斯堡印象深刻，只是因为它预示着战争的结束，而不是因为它改变了战争的本质特征。出于同样的原因，南北双方距离并不太远的首都——华盛顿和里士满——也不是我们的选项,因为占领首都也无非意味着战争的结束。此外,格兰特和李1864年在弗吉尼亚州的一系列激烈的战斗也不是我们的选择,因为早在和李决战之前,从格兰特被任命为联邦军指挥官的那一刻起,战争中的一切共生过程都已经完成了。占领新奥尔良固然是联邦海军立下的一个显赫战功,但它并没有改变冲突的性质。而至于亚特兰大,我们已经看到,谢尔曼的胜利或许避免了林肯在在竞选连任时失败,但佐治亚州的会战充其量只是弗吉尼亚中心战场的一个镜像。西洛和安提塔姆固然都是历史学家眼中的典范战役,但西洛是一场血腥的拉锯战,而安提塔姆则是"穷人版"的葛底斯堡——它是联邦军一次失败的进攻。这样一来,真正的共生关系就只剩下一个选择:这就是发生在1863年11月23日至25日的查塔努加之战。就如同西部维克斯堡的沦陷使得战争集中到东部地区一样,联邦军对查塔努加的占领在一定程度上使得肯塔基州和田纳西州不再成为战争的中心战场,尽管乔治·托马斯将军此后还需在纳什维尔清剿亚特兰大联盟军的残余势力。格兰特和谢尔曼所领导的北方军在查塔努加的胜利(就在维克斯堡战役几个月之后),为接下来的战争划定了博弈的战场:一方从查塔努加向亚特兰大进军,另一方则由瓦德尼斯向彼得堡进军。此外,格兰特杰出的军事补给策略也在查塔努加体现出来,他在那里开通了所谓的"饼干专线",给前线饥饿的联邦军士兵送去食品。接着,谢尔曼和胡克将军分别在传教士岭右侧和眺望山取得了胜利。但谢尔曼在右翼的进军随后受到了阻碍，于是格兰特命令托马斯将军向联盟军中路实施干扰。但出乎格兰特意料的是，托马斯的部队不但一路冲上了山坡，而且就这样有些可笑地赢得了战斗。如前所述，共生的重大时刻往往伴随着这样的错误和失败。联盟军被迫逃往佐治亚州，于是当林肯把格兰特委任到东部战场时，横扫和劫掠佐治亚州就成了谢尔曼的宿命。

至此，我们提到了四个共生过程，它们分别是：格兰特、李、维克斯堡，以及查塔努加。奇怪的是，四个共生中的三个都涉及格兰特。我当然不能将其视作全然的巧合，但它也不是绝对必然的，它更像是南北战争这个对象由于时空尺度被压缩而产生的副作用。例如，荷属东印度公司最杰出的人物就是 J. P. 科恩，但与 1860 年代的格兰特不同的是，科恩并没有介入到 VOC 所有空间内的共生过程中。我们可以想象占领维克斯堡和查塔努加的不是格兰特，而是另有其人，但那样的话，这另一个人可能就会像格兰特那样，最终面临和李的决战了。尽管托尔斯泰在《战争与和平》中出色地把战争描绘成超出了任何天才将领掌控的混乱状态，但历史也教导我们：战争属于这样一类事件，在其中，个别领导人物的战略决策要比在大多数其他情况下都更加重要。正是出于这个原因，战时的将领往往被频繁地撤换和擢升，甚至从名不见经传的小人物一跃成为伟大的将领，而在和平年代，这样的事情是极罕见的。在这方面，体育竞技队伍的教练和战时的将帅很相似，他们对于事件的发展进程往往有着非同一般的影响力。

我已经指出了南北战争中的四个带来转变的共生过程，其中有两个是人物，另两个则是地点，现在我打算在这个清单里再加上最后一件"东西"。二十世纪九十年代，我曾参观了南北战争的几个战场，其中就包括马里兰州沙普斯堡附近的安提塔姆会战的战场。负责安排我们行程的骑警向我介绍了安提塔姆会战的情况，他认为那是美国军事史上最血腥的一天，也是南北战争中最重要的一场战斗。这样的评价显然是公允的，不过这场战斗之所以重要，并不是因为安提塔姆的地理位置有多关键。恰恰相反，安提塔姆会战的重要性在于：联邦军的获胜（或平手）带来了一个有利的契机，促使林肯总统于1863年1月1日颁布了著名的《解放奴隶宣言》。虽然奴隶制可以视作引发南北战争的根本原因，交战双方最初都不认为提出这个议题会对自身带来直接的好处。当时联盟国各州更倾向于以保卫"州权"、反抗联邦政府暴政的名义提出诉求。的确，"州权"一直是美国右翼的战斗口号之一，不过最近以来，反特朗普的自由派各州也开始重申它们可以独立于联邦移民法令。而在联邦各州看来，以终结奴隶制度的名义开战可能带来战略上的灾难，因为鉴于当时联邦中有四个蓄奴州（密苏里、肯塔基、马里兰和特拉华）并没有反叛，这样做很可能会损害它们对联邦政府的忠诚。《解放奴隶宣言》并不是要从原则上终结奴隶制：那要等到林肯去世八个月之后，《宪法》第十三条修正案获得通过才得以实现。相反，《解放奴隶宣言》要解放的仅仅是参与反叛的各州的奴隶，它这么做的目的是要给联盟军施加军事上的惩罚。这是一个聪明的做法，因为它把废除奴隶制的政治负担加在了分离主义者身上，与此同时，它还合法地使美国大多数奴隶获得了自由人的身份，从而使战后继续维系奴隶制变得不再可能。因为我们很难想象：当南方主要各州都被以军事手段废除奴隶制之后，奴隶制在密苏里、肯塔基、马里兰和特拉华等州（包括田纳西州的一部分以及路易斯安那州南部）仍然维持合法地位。《解放奴隶宣言》之所以属于共生现象，是因为它通过扩大自身的目标并且揭示其最终后果，从而改变了战争的性质。尽管后来的《宪法》第十三条修正案从原则上更彻底地摒弃了奴隶制，但那实际上是战争之后的事，只可惜林肯没能活着看到修正案的通过。

对这些问题，我们还能说的更多。如果根据OOO来诠释整个南北战争的话，我们很可能需要花费数百页的篇幅，或许我有一天会尝试这么做。但在此，我只希望读者记住以下这个核心论点，即：事件之间的差异不仅是数量上的，而且是性质上的。那些动静最大、最夸张的事件并不总是最为关键的。个人的判断和行动往往要比社会科学家所能给出的结构分析更加重要。即便那些最剧烈的冲突，在它们的基础特征成形之前，通常也需要若干个阶段才能逐步展开。

政治

至此我们已经看到，OOO对待社会理论的方式几乎与行动者-网络理论（ANT）截然相反。与ANT那里的"行动者"不同，OOO中的物总是要比它们当前或将来的行为更多一些。ANT认为，所有的关系都属于同一类，它们之间仅有数量意义上的尺度和强度之分，而OOO则注意到不同类型的关系之间存在质的差异。共生关系标志着物的生命中一种不可逆的改变，因此它必定不同于那些没有产生任何变化的关系。ANT就不可能作出这个区分，因为在它看来，某事物所参与其中的一切关系都必然会改变该事物。对ANT而言，追问某个行动者的生命周期的确是没什么意义的，因为行动者并不真正地在时间中持存，相反，它们总是在"永恒地消逝着"（借用怀特海的用词），其每一个瞬间都被下一个瞬间所取代。此外，OOO允许非相互关系，这意味着A物可以与B物相关，而B物则未必与A物相关，这是ANT所不能允许的。最后，OOO允许非对称关系，也就是说，它允许A物与B物的性质建立关系，而不与B物直接建立关系；正是这种关系使隐喻成为可能。

不过有些出人意料的是，在关于实在性剩余（surplus in reality）是否必要的问题上，ANT 和 OOO 有两个共同点。第一个共同点体现在拉图尔对唯物主义的批判中——他的这番批判非常出色，却令人惊讶地鲜有人拜读。[15] 传统的唯物主义认为，除了虚空中运动着的微小物理粒子之外，不存在任何其他东西。一切其他事物都能被还原为这些粒子，也因此，一切非物质的东西都遭到了唯物主义无情的蔑视和嘲笑。近些年，唯物主义重新变得时髦起来。不过如今它关注的已经不再是微小的物理粒子，而是试图要把形形色色的理智介入都囊括其中。用列维·布莱恩特的话说：“唯物主义俨然成了一个与任何物质都不相干的专门用语。唯物主义如今的意思无非就是：某个东西是历史的，是由社会建构出来的，它与文化实践有关，并且具有偶然性……诸如此类。我们甚至不知道'唯物主义'到底'唯物'在哪里。"[16] 尽管拉图尔更关注的是早期唯物主义的缺陷，而非当前唯物主义的问题，但他肯定也会同意布莱恩特的这个看法，在拉图尔看来，传统唯物主义的真正问题在于，它一开始就假定自己知道物质是什么——也就是占据时空某处的坚硬物理对象——然后利用这种假定的知识去消除世界上所有不符合这个物质模型的东西。但问题是，没有人真正知道物质究竟是什么。我们之所以是哲学家，而非某个观念的盲从者，恰恰就在于我们总是不断地在发现着万物究竟为何。ANT 一开始就假定自己知道物是什么（它把物等同于行动者，即行为的施行者），因此它对唯物主义的批判就会采取一种苏格拉底式的路径，即主张：归根结底，我们对万物的真正组成是一无所知的。

拉图尔的政治哲学也具有上述特点（事实上它更加鲜明）。尽管拉图尔政治思想的发展经历了几个阶段，但根据其最后的结论，拉图尔认为政治知识是不存在的。这也构成了拉图尔政治哲学的第一个理论支柱，对此我们稍后将详细说明。拉图尔还有一个同样重要的见解，即：政治并不是主要关于人的，这构成了他政治哲学的第二个支柱。拉图尔和雪莉·斯特拉姆（Shirley Strum）指出：人类社会之所以能够超越猿猴社会，主要是因为许多无生命物维系着人类社会的稳定。和猿猴不同，我们人类不需要每天为自身的社会地位争斗不休，相反，我们依靠出生证明、驾照、银行账户、工作职称、固定的居住地址等等诸如此类的东西使社会地位稳固下来。虽然这看起来再明显不过，但此前的政治思想家都忽视了它们，他们关注的往往是人的邪恶诡计或人性内在的善。例如，霍布斯（《利维坦》）和马基雅维利（《君主论》）对非人类实体在政治中的作用并没有多少着墨。而卢梭（《论人类不平等的起源》）虽然在讨论人性时提到了农业和冶金技术，但无非是将其视作使人性腐化堕落的因素。更普遍地说，保守派和进步派的争论往往在人性是固定的还是可塑的这个问题上倾注了太多注意力，就仿佛人性是政治中最主要的因素。拉图尔认为人不是最主要的因素,这个看法使其与另一位著名的社会学、哲学家尼克拉斯·卢曼(Niklas Luhmann, 1927—1998)站在了同一阵线,尽管他并不喜欢卢曼。[17]关于非人类物的作用,我们在后文还将详细讨论。现在不妨让我们回过头来谈谈拉图尔政治哲学的第一个支柱,也就是政治知识的不可能性。

进入近代以来,政治上最主要的分歧就是左翼和右翼的分野,"左"和"右"的概念最初指的是法国大革命时期国民大会中位于相反方向的坐席。尽管有些政治人物似乎难以用左／右的标准进行分类,尽管我们有时也渴望出现更合理的政治光谱划分,但左和右的对立仍然继续支配着我们的政治想象:前者强调人性的可塑性,并认为我们能够变得更好;而后者则试图维护脆弱易损的体制,并坚持认为:人最基本的那些激情和缺陷自古以来就未曾改变。在《布鲁诺·拉图尔:重构政治》(*Bruno Latour: Reassembling the Political*)一书中,我指出:左／右区分的背后,是一个近代以来贯穿左右翼的、更深层的分裂,这就是真理政治(Truth Politics)与权力政治(Power Politics)的对立。真理政治声称自己把握了政治真理,并认为竞争性的不平等(例如资产阶级的阶级利益,或者人民大众精神上的弱点)阻碍了政治真理的实现。真理政治通常让人首先联想到左翼思想,例如卢梭的《论人类不平等的起源》或者马克思的《资本论》;但它在右翼思想家那里也有所体现，施特劳斯学派就是这方面的代表。政治哲学家列奥·施特劳斯（Leo Strauss，1899—1973）强调的是人在种类上亘古不变的永恒等级。[18]施特劳斯的理论会导致一个众所周知的后果，即：哲学家应当佯装成无害而虔诚的爱国者，而绝不能让群氓了解自己"秘传"的真正见解，因为对主流看法而言，真正的哲学著作就像强酸那样具有腐蚀性。

与此相反，权力政治则认为"真理"是由胜利者所决定的。右翼政治思想中有许多权力政治的例子。马基雅维利的《君主论》多次提到如何通过权力和诡计来战胜敌人，却鲜少提及高贵和卑鄙的行动之间的区别。霍布斯在《利维坦》中告诉我们：国内的和平要求一个有着绝对君主权威的中央政府，无论是宗教和科学都应当服从主权者，而不允许诉诸更高的真理来挑战它。在卡尔·施密特的著作《政治的概念》中（尽管施密特曾是希特勒的座上宾，但他的著作仍然备受推崇），主权者能够决定是否执行"例外状态"，在这种例外状态中，敌友区分被确定下来，于是敌人的观点就不再被考虑了；我们的目标并不是消灭敌人（施密特指责自由派意图这样做），但在存在的斗争中，我们必须战胜敌人。然而权力政治也不乏左翼的版本，例如后现代主义哲学家认为真理是相对的，他们只愿意为权利被压迫的边缘群体发声，以便使他们获得权力。尼采的《善恶的彼岸》就是这类思潮的源头之一，尽管尼采本人的观点更接近我们如今所认为的右翼。

尽管真理政治和权力政治有着种种差异，但在一点上它们是相同的，这就是：双方都宣称自己拥有政治知识：对真理政治而言，这种知识就是它们所青睐的政治真理；对权力政治而言，这种知识就是笃定力量是唯一的真理。在这一点上，双方都宣称自己是一门政治"科学"，这与苏格拉底关于正义、美德和友谊之意义的那种永恒的不确定态度形成了鲜明的对比。而拉图尔对于政治哲学最主要的贡献就在于，他重新提醒我们：政治知识是无法获得的——政治就是结盟，就是对观点被拒斥者的暂时排除。不过应当指出的是，拉图尔花费了相当长的时间才来到了这个立场。在他哲学生涯的早期，大约直到1991年之前，拉图尔是权力政治的坚定支持者，他早年的著作充满了对马基雅维利和霍布斯的赞赏，而道德家则是最受早年拉图尔蔑视的人物：他们不但自己不去争取强权，还反对他人争取"强权"的"权利"。然而《我们从未现代过》一书标志着拉图尔思想的转折点，在这部已然成为经典的著作的开篇，拉图尔仔细分析了斯蒂芬·夏平（Steven Shapin）和西蒙·谢弗（Simon Schaffer）那本科学社会学的重要著作《利维坦与空气泵》（*Leviathan and the Air-Pump*）。这两位作者思考了霍布斯与他同时代人、科学家罗伯特·波义耳关于空气泵的那场争论。空气泵是否像波义耳认为的那样能使我们直接获得关于自然的真理呢？抑或自然的真理就像霍布斯所说的那样，是从属于主权者政治决策的呢？在对争论双方的观点分别作了非常公允的表述之后，夏平和谢弗得出结论认为霍布斯是正确的，因为所谓好科学的标准是由社会决定的。换作先前，拉图尔显然会同意这个结论，但此时的拉图尔仿佛有了新的灵感，他斩钉截铁地宣称："霍布斯错了。"[19]如果连空气泵的科学真理都可以被解构掉，都可以被认为是各个具体行动者（例如科学家、证据、蜡烛、老鼠和气泵）共同运作的产物，那么像"权力"和"力量"这样的政治学概念也同样需要被解构掉。毕竟，还有什么东西会比科学的宣言更加明显、直接而无可质疑呢？

沿着这个突破性的思路，在整个1990年代，拉图尔改变了原先对权力的关注。在1999年出版的《自然的政治》（*Politics of Nature*）一书中，他甚至认为道德家在政治上也有重要的作用（这类人此前正是他揶揄的对象）：就如同科学家能够检测到此前没被发现的非人类物（比如全球变暖）那样，道德家也能检测到那些被不公平地排除在当前城邦之外的人（比如未登记在案的移民）。然而，拉图尔政治思想的真正转变，体现在阿姆斯特丹大学的努尔提耶·马尔斯（Noortje Marres）2005年的博士论文《没有议题，就没有公众》（No Issue, No Public）中，拉图尔当时是马尔斯的两位导师之一。马尔斯在论文中回顾了哲学家杜威与当时著名记者沃尔特·李普曼（Walter Lippmann）之间的那场著名争论——两者都是生活在二十世纪初的美国人。在《幻影公众》（*The*

Phantom Public，1925）一书中，李普曼质疑了公众只有受教育后才能自我管理的观念，他尖锐地指出：美国的教育体系造就了不少机器式的蠢人，他们对公共政策的细节毫不关心。李普曼认为，长此以往，美国注定会沦为专家委员会统治下的技术国家（technocracy）。杜威在重要著作《公众及其问题》(*The Public and its Problems*，1927）中表达了对李普曼这番批判的理解（尽管并不完全认同），并对其作了正面的引申。杜威指出：如果期待公民能完全参与到一切重要政治问题的讨论中，我们就把标准定得太高了；即便像李普曼这样杰出的记者也达不到这个要求。我们不应要求所有公众都参与到每个政治议题的决策中，而应当认为：随着每个政治议题的提出，都会产生出一部分规模较小的公众。例如，乳业补贴、国防政策和移民法等议题，就各自牵涉到不同的利益攸关团体。这正是马尔斯博士论文标题"没有议题，就没有公众"的含义，她的导师拉图尔非常认同这个理念。这个观点促使拉图尔的政治哲学走向成熟，并体现在其代表作《论存在的模式》(*An Enquiry Into Modes of Existence*）中论政治的一章里。政治总是伴随着议题而来，它体现为不同利益攸关者之间的纷争，纷争最终需要通过某种决策加以平息。由于这些决策并不产生知识，因此其中失败的一方便只能暂时被排除在外。政治正是由沿着某个议题的边界产生的联盟所组成的，它的确切属性从来都不曾被确定下来。

这正是拉图尔所说的"物导向的政治"(object-oriented politics),他很正确地从OOO那里借用了这个隐喻,用这个术语来称呼他的政治模型真是再合适不过了。到目前为止,拉图尔的政治思想仍然大致延续着这个思路。诚然,从他最近关于盖亚(Gaia)和全球变暖的著作看来,他似乎重新走上了早年权力政治的老路,因为他援引了施密特的观点,认为与气候变化怀疑论者争论不休的年代已经过去,如今我们必须击败他们。[20] 此外,拉图尔对保守主义政治哲学家埃里克·沃格林(Eric Vogelin,1901—1985)的兴趣也日益增长。[21] 但在我看来,这并不表示拉图尔要抛弃那种不基于知识的、物导向的政治模型。相反,拉图尔似乎只是遵循了他自己提出的一个方针:"政治哲学中一个很常见的现象就是,反动思想家往往要比进步思想家更加有趣……因为你从马基雅维利和施密特这类思想家那里学到的东西,要比从卢梭身上学到的更多。"[22] 尽管这些保守的思想家也和进步思想家一样倾向于假定我们可以把握政治真理或权力,但关于人类是否能通过良好意愿来改变现实这一问题,前者的确保持了一种积极意义上的怀疑态度。虽然这种态度很容易沦为守旧的宿命论,但它的确具有这样的优势,即:它不假定这个世界和我们所认为的一样——实在论的这个极有价值的核心思想,如今往往被那些一心要追求美好世界的进步派所忽视。

现代政治理论的两个主要特征

现代政治理论有两个主要特征。首先，它宣称拥有关于政治的知识，尽管这知识的内容可能是没有真理，一切都是残酷的权力斗争。在与霍布斯的思想分道扬镳，并接受了杜威对李普曼的诠释之后，拉图尔用物导向的政治反驳了这个主张。其次，现代政治理论过于关注人类。随着中世纪之后的世俗化以及新大陆"野蛮"部落的发现，文明产生之前"自然状态"下的人类成了政治理论家热衷的研究对象。一般说来，左翼思想家（比如卢梭）往往把自然状态想象成平等合作的时代，而右翼思想家（比如霍布斯）则认为那是所有人对所有人展开残酷斗争的时代。左翼和右翼的另一个区别是：前者通常认为人性会随着历史条件的不同而发生改变，而后者则认为自从《圣经》和古希腊的时代以来，人性并未发生多少改变。对于左右两派的观点，拉图尔作了这样的回应：过分关注人性在某种程度上是不得要领的，因为人只是政治网络里许许多多行动者中的一员。无论你是否认为人性本善，我们都面对着许多比任何个人都更重要的政治行动者，例如出版社、原子弹，以及（我们最近才发现的）两极冰盖融化等等。简言之，拉图尔基于不确定性的政治观反对存在政治知识，他主张一种聚集的政治（politics of agglomeration），在其中，非人类的物在城邦建构中所发挥的关键作用丝毫不逊色于恺撒、丹东或者林肯。政治网络当然是很重要的,但由于"网络"一词意味着一种拉图尔式的、把一切都还原为关系的哲学,因此我打算用"政治链"(political chain)这个概念来替代它,这是受到了莱布尼茨的启发,他在十八世纪初曾阐述了不同的实体如何彼此联结形成物理对象的过程。[23] 如果说 ANT 在处理链条或网络的问题上存在一个典型的薄弱环节的话,那么这个环节就是该理论并未明确说出的那个假定(它源于拉图尔早年所接受的权力政治),即:网络规模越大,其所包含的盟友越多,该网络就越强。对此我们不难找到反例,例如,第五个来吃饭的客人往往会导致社会学上著名的"第五个轮子"问题;中等规模的企业通常要比大型企业更灵活、更能盈利;在《论人类不平等的起源》的献词中,卢梭也曾解释了自己为什么不愿故乡日内瓦变得更大。ANT 没能解释多大规模的政治链才是最好的,因为它基本上是想当然地认为越大就越强。同样,格兰诺维特关于弱联系的论述也表明,行动者之间的松弛联系往往要优于强联系:例如,比起非常亲密的朋友,我们更可能从不太熟的人那里得到可靠的招聘信息,尽管前者通常更加忠诚,并且能提供更多情感上的支持。

ANT 不仅无法思考政治的最佳规模问题,它也无法思考政治拓扑问题,因为它假定了所有的关系都是相互的。对 ANT 而言,实体 A 和实体 B 相关意味着实体 B 也和实体 A

相关，这就如同牛顿第三定律所说的：一切力都有大小相等、方向相反的反作用力。然而霍德（Hodder）已经指出：政治纠缠在许多情况下是单向的。如果我们用"链"来指称单向流动的政治影响的话，那么那种相互的政治影响则可以称为"环"（loop）。由于一个物可以同时处于多个链中，于是这些链就集成了"簇"（cluster）。不过，如果我们把单个物视作若干个环的交点，那么我们就得出了一个像四叶草那样的结构，此时我们就不叫它"簇"了，而是称其为"四叶草"（clover）。[24] 在此基础上，我们就可以对不同类型的政治链加以描述了，但我不打算深入这方面的细节。不过我们需要记住一点：拉图尔最重要的两个政治洞见在某种程度上是相互矛盾的。由人类和非人类物共同组成的政治链强调的是行动者建立在关系之上的网络化特征；而与知识无关的、物导向的政治则强调我们在某种程度上无法直接通达和把握政治议题。用 OOO 的术语说，政治链不仅包括感觉物，而且包括实在物。理解这种状况如何可能，对于一种非现代性的政治理论的深入发展是至关重要的，而 ANT 已经勾画出了这个理论的轮廓。

在本章的最后，让我们归纳出有关 OOO 和政治的一些要点。我们已经指出，物导向的政治反对一切关于掌握政治知识的主张。这带来了一个显著的后果：OOO 不会认同大多数激进政治，因为激进政治总是建立在掌握激进知识的前提之上，这些知识足以迅速地摧毁历史遗产。我们所知的激进政治是近现代哲学和唯心主义的产物，因此它大概不会比近现代哲学本身维持得更久。我们还可以看到，OOO 也不会认同任何以人为中心的政治思想，在这些思想看来，政治圈是由人性和（纯然的）人的历史所造就的产物。此外，物导向的政治还意味着非人类物也属于至关重要的政治行动者，而所谓的"自然状态"即便真的曾经存在，它也不具有政治上的重要性。这个观点会导致数个不同后果：其中最主要的便是，如果政治的转变需要根植于现实，那么驱动这种转变的就更可能是环境或技术的变化，而非英勇的示威和抗争。很有意思的是，拉图尔之所以认为唐纳德·特朗普是失败的，不是因为特朗普是个"法西斯主义者"（拉图尔认为，在当下用这个称呼是弄错了年代），而恰恰是因为特朗普是个逃避主义者。也就是说，面对我们时代两大迫在眉睫的危机——全球变暖和难民潮——特朗普却佯装它们是完全可以忽视的。[25] 作为实在论的一种形式，物导向的政治与拉图尔一道对抗环境等议题中一切形式的逃避主义。

第四章
CHAPTER 4

间接关系

在停下来讨论了OOO对社会和政治理论的影响之后，现在让我们再次回到本书第二章关于美学的讨论中。我在那里曾指出：一旦物与它的性质之间被打入了楔子，审美现象就产生了。更具体地说，每当实在物从场景中消失（或者被扣留、隐藏、变得不可获得），而它的性质却仍然可见、可获得并且总是显露的时候，审美就产生了。因此，审美者被要求介入并替代那个缺失的实在物，于是我们就有了审美的戏剧模型：当读到荷马史诗中"酒暗色的海"这个隐喻时，读者就如同方法派演员那样替代了缺席的海，并获取了后者那个意图丰富的"酒暗色"的性质。通过这种方式，审美在实在物和（我们所认为的）它们的感觉性质之间为我们划开了一道裂缝，这道裂缝从不会在普通的日常经验中显现。不过我们也注意到，感觉物和实在性质也是存在的。考虑到两种物和两种性质的所有可能组合，我们可以在物和其性质之间得出四种类型的裂缝。物与事物的这种四重性，正是本章所要讨论的两大主题之一。另一个主题则是物究竟如何能彼此触碰的问题。由于实在物不仅超出了感知、实践行动，以及一切关于人之理论的把握，而且它也超出了一切种类的直接关系，因此我想知道的是：一个实体究竟如何能对另一个实体产生任何方式的影响。我显然并不怀疑这种影响是存在的，但我不太清楚这背后的机制是怎样的。鉴于实在物本质上就无法彼此触碰，因此我们需要在间接接触中找到一种无触碰的触碰。在 OOO 中，这个概念被称为"替代性因果关系"（vicarious causation）。这个概念在很大程度上起源于中世纪伊斯兰思想和近代早期的西方思想中的"偶因论"（occasionalism），根据偶因论，任何两个物只有在上帝的中介作用下才能彼此接触。[1] 不过从根本上说，OOO 是无法接受偶因论的：这倒不是因为我们不愿正视哲学史中的宗教思潮，而是因为既然我们已经在原则上否认了实体直接接触的可能性，因此任何实体——无论它多么特殊，无论是上帝、人的心灵还是其他什么东西——也都不应当能够彼此任意地直接接触。接下来让我们依次谈谈这两个主题，不妨从物的四重性上开始。

物的张力

在西方乃至世界的哲学史上，"四"这个数字出现的频率是非常高的。但我们不能假定所有的四元结构都是类似的，因为各种四重性通常只有一个共同点：它们往往是两条各自独立的原则划分的结果。举个简单的例子：如果用东-西界线和与之垂直的南-北界线来划分地图，我们就会得到东北、西北、东南、西南这四个象限。也就是说，四重结构的存在并不算是什么有意思的发现——我们要做的只不过是用两个相关的轴来对某个主题的内容进行划分，并且由此得出一些意想不到的结论就可以了。例如，上一章曾指出：现代政治中左派和右派的区别是与真理政治和权力政治的区分彼此交叉的（人们往往忽视这一点）。据此，我们可以归纳出现代政治理论的四个基础但不明显的类型：左翼真理政治（卢梭、马克思）、右翼真理政治（施特劳斯）、左翼权力政治（福柯、巴特勒等后现代主义者），以及右翼权力政治（马基雅维利、施密特）。[2] 这个分析结论的价值在于表明，所有这四种类型的政治理论都是错的——不仅因为它们都宣称拥有那并不存在的政治知识，还因为它们的政治概念都过于集中在人身上，却忽视了其他所有的东西。无论如何，如果足够耐心的话，我们可以在思想史上找到无数类似的四分法的例子。1949年，海德格尔在题为《观入存在之物》（"Insight Into That Which Is"）的讲座中提出了事物四重结构的概念，不过由于他把这个概念放在一首关于天、地、神和凡人的晦涩诗歌中，以至即便海德格尔最忠实的追随者都很少提及这个概念。[3] 在《四重物，诠释海德格尔》（*The Quadruple Object, Heidegger Explained*）一书以及其他地方，我曾试图对海德格尔提出的这种四重性作出解释，并借此阐明它与 OOO 主张的四重性之间的异同。[4]关于海德格尔哲学中的物的四重性的细节在此就不详加讨论了，我们要重点谈谈 OOO 版本的物的四重性。

在对隐喻美学的探讨中，我们很熟悉这样一种情形：某个物似乎消失在其表面性质的背后，从而迫使欣赏者（他或她自身也是物）介入其中，并以戏剧的方式替代那个缺失的物。在 OOO 理论发展的早期，人们主要关注的是海德格尔《存在与时间》中的工具分析。海德格尔曾是胡塞尔的得意门生，人们期待他能继承胡塞尔现象学的衣钵，但海德格尔出人意料地选择了走自己的道路。现象学的基本原则认为：哲学的目标不是去思辨事物背后隐藏的因果机制或神秘的物自体，而应当是尽可能细微地描述那些向我呈现的东西。在胡塞尔看来，一切存在物至少在原则上都是心灵活动的对象，因为否则的话就是很荒谬的。然而在工具分析中，海德格尔凭着一种天才的反叛精神指出了胡塞尔的错误：一般来说，有意识地和事物打交道的情况只是相对少见的、派生性的情形。相反，在大多数情况下，我们会以一种理所当然的态度对待事物，只有在出了差错时才会注意到它们。例如，无论是我们家中的地板、我们呼吸的空气，还是我们不假思索地使用着的语法，或者我们生存所依赖的身体器官，无论我们是否意识到它们，这些物都在正常地运作。海德格尔着重分析了我们使用锤子的情况：通常，只有当锤子坏掉的时候，它才突然暴露在了我们有意识的目光之中。海德格尔举的另一个著名的例子是带屋顶的火车站台，站台不仅是一系列物理材料的组合，而且在下雨时，当我们隐隐地冒出不想被淋湿的念头的时候，车站就从我们的意识中消失了。总而言之，在海德格尔看来，世界是由"工具"和"损坏的工具"之间的不断反转组成的，前者不仅指严格意义上的工具，而且包括任何无需我们的意识就可以运作的事物，后者指的则是出于某些原因而被我们明确意识到的任何东西。无论如何，假定海德格尔的锤子总是比我们说到和看到的更加深刻，而且假定无论我们是否使用锤子，它都会存在（不过海德格尔本人对此的看法并不特别明确），那么这个锤子就不再是胡塞尔意义上的现象，而是一个具有深度的实在物了。

继续讨论海德格尔之前，让我们再看看胡塞尔的观点。海德格尔的工具分析虽然很有力度也令人印象深刻，但他似乎有失公允地忽视了胡塞尔的看法。因为事实上，胡塞尔发现了物的两个特性，而作为他学生的海德格尔却未能把握。但在谈论这两个洞见之前，我们不妨先提及一个更加显著的观点。现象的经验为我们呈现出一系列性质，借助这些性质，我们得以对不同的事物作出区分。我右边的红色球型物体看起来可以吃，而我脚边那个灰色方形的硬东西就不像是食物。当我们听到荷马"酒暗色的海"的隐喻时，"海"这个对象似乎在它那个不太真实的酒暗色性质的压力之下消失不见了，但这性质却仍然保留在我们的意识之中：在这样的时刻，我们经验到的不是空白，而是酒暗色的性质，无论这种性质是多么地难以准确描述。换言之，除了实在物，我们还拥有感觉性质，在此不妨将两者分别简写为 RO 和 SQ。

不过我们还没说到胡塞尔最伟大的那个哲学见解，正是这个见解为现象学奠定了基础。在休谟这样的经验主义者看来，并没有多少证据表明所谓"物"这种统一的事物是存在的。相反，休谟坚持认为我们所感知到的是"一束束性质"。根据休谟的观点，我们见到的并不是华盛顿那个叫作"白宫"的物，而只是一系列性质：米白色、方形，以及中间的半圆形和柱形等等。由于这些性质似乎能稳定地结合在一起，并且由于每个人似乎都同意这一点，因此我们养成了习惯，把这个统一的物称为"白宫"，尽管所谓的"物"并不会比我们所感知的各种性质的束包含更多东西。胡塞尔天才的地方就在于，他把重点放在物而非性质上，从而将经验主义看待事物的方式完全颠倒了过来。胡塞尔这样做的理由在于：每个物的性质往往会随着阳光，以及我们观看它的距离和角度的变化而随时改变，此外，我们的情绪也影响着对物的感知。例如，我从来不会在两个不同时刻拥有相同的关于白宫的感知，但即便如此，我也从来不会认为这些不同的感知来自两个非常相似但不相同的"白宫"。相反，我会说自己感知到的是同一个白宫，只是它在每个时刻拥有不同的性质：胡塞尔把我们对同一个物的不同感知称为"侧显"（adumbration）。不过，这种在我们的不同感知中都统一、持存的白宫，并不是实在的白宫。在胡塞尔看来，这是个骇人的结论，因为如果我感知的白宫并不等同于实在的白宫，那么两个不同的白宫是如何联系起来的呢？胡塞尔之所以否认感觉物之外存在任何实在物（出于历史原因，他把感觉物称为"意象"物），正是出于这个理由。[5] 不过事实显然是：唐纳德·特朗普总统所居住的是白宫本身，而不是我对白宫的感知——无论我多么热切地希望这一切都只发生在我的心中。同理，真正燃烧着的是火焰，而不是我对火焰的感知。非但如此，有些经验物显然是不存在的，例如幻觉、梦境，乃至我们无理由焦虑中的那些不存在的物等等。可以说，无论我们是否想到它们，实在物都是存在的，但感觉物（sensual object）却只能作为我们意识行动的相关物而存在。因此除了 RO 和 SQ 之外，我们不妨把感觉物缩写为 SO。需要特别注意的是，胡塞尔和海德格尔都没有对 SO 的存在作出清晰的阐述。在海德格尔看来，在场的领域中，性质并不与那个可见的物端（object-pole）形成张力；而胡塞尔那里则并不存在任何实在的王国，因此物就只有一种（即感觉物）。

细心的读者或许已经猜到，我们接下来要讲的是实在性质（real quality，缩写为 RQ），因为这是我们四个象限网格中最后剩下的一块。但我这么说并不是为了随便填充表格，因为 RQ 的存在根据的是胡塞尔另一个体察入微的洞见。不妨回到白宫的例子，我们已经指出了感觉物和感觉性质的差异。在人们眼中，白宫这座历史建筑总是带着某种特定的白色，它具体的色调取决于照在它上面的阳光或灯光。此外，我们也总是在某个特定的距离上观察白宫，而每次观察的时候，我们的情绪或许都有细微的不同。显然，这些细节都不是白宫经验的必要条件：无论是在它边上的哪个方位，无论距离是加倍还是减半，也无论是在晴天还是阴雨天，我们通常都可以很容易地看到白宫。通过改变或在心中剔除这些不重要的经验细节，感觉物与它的感觉性质之间的区别就凸显出来了。我们无法从白宫的经验中剔除白宫的所有性质。对感觉物而言，有些性质是如此地关键，以至一旦把它们剔除，我们经验到的就完全不是该物，而是另一个物了。例如，倘若这座建筑被烧毁（它在 1812 年战争期间就险些被烧毁），那么显然它就不可能再是白宫了。然而一系列较小的损坏、翻新或历史破坏又如何呢？随着这些破坏的进行，究竟从哪一个时刻开始，白宫才变得不再是白宫，而成了一个完全不同的东西呢？通过这种思想实验，我们能够逐步接近现象之为自身所必需的那些实在性质。此外，胡塞尔还指出了感觉性质与实在性质的另一个重要区别：前者可以经由感觉得知，后者则从不出现在感觉中，只能通过理智来把握。我们关于物的"本质直观"从来都不是感觉直观；感知中不仅有独立的物，而且总是充满了各种意外。OOO反对胡塞尔的观点，因为OOO否认理智直观比感觉直观更能把握事物的本质。当胡塞尔否认实在物与感觉物间的界限时，他已经犯了理性主义的错误。胡塞尔主张能够通过理智直观把握RQ，我们的反对意见则认为：RQ就像RO本身一样无法直接把握。就与实在物一样，实在性质也只能通过间接的暗示或暗讽才能为我们所知。

事物中的破裂

然而我们感兴趣的不仅是实在物、实在性质、感觉物和感觉性质这四种孤立的类型，还包括它们彼此的联结和张力。在此，我们同样可以得到四种排列组合，在本书第二章关于审美的讨论中，我提到了其中的第一种张力（RO-SQ），而本章先前对海德格尔工具分析的阐述涉及的也是这种张力。但即便如此，我并不打算把RO-SQ张力叫作"审美"或"工具"，而是称其为空间。之所以如此，是因为就像RO-SQ一样，空间涵盖了接近和疏远的状况。一方面，空间中的任何东西都远离我们并位于其自身的私有之地，但与此同时，它们又和我们属于同一个空间舞台，彼此间隔着确定的距离，而要想克服这个距离，我们就需消耗一定的能量。例如，倘若我要从位于美国艾奥瓦州迪比克的家里到香港去,我就要做出相当程度的努力,不过只要我有足够的财力,这在物理上并非不可能。类似地,正如坏锤子的例子所揭示的那样,某个实在物的感觉性质与该物是既联系又分离的。虽然损坏的锤头或锤柄并不能表达整个锤子——后者永远是从我们的视线中退离的——但它们在某种宽泛的意义上都属于锤子。

第二类张力(SO-SQ)构成了胡塞尔现象学的核心内容,因为它标志着持存的感觉物不同于瞬息变化着的一系列属性。我们可以把这种张力称为时间,因为我们从中经验到的是时间,而不仅仅是钟表的运动。就如同空间涵盖了接近和疏远一样,时间蕴涵着持续和改变:如果我们面对的都只是每时每刻变幻不定的属性,那么我们经验到的就是某种精神紊乱,而不是时间。相反,我们关于时间的经验,是一种以不变或变化较缓慢的感觉物为背景的、持续而细微的变化。

然而,OOO不仅看到了时间和空间的二重性,而且指出了它们的四重性。在OOO看来,时间和空间并不是凭空任意地涌现出来的,它们是物和性质之间两种张力的结果,这个观点使得OOO可以在时间和空间之外进一步引入两个同样重要的张力。其中一个反映了胡塞尔的这个洞见:感觉物不仅具有一系列不断变化的感觉性质,而且也必然具有实在性质。这就是SO-RQ的张力,我借用古希腊的哲学术语,将其称为理形(*eidos*),在柏拉图的哲学中,理形指的是一切事物的完美形式——白色、正义、马等等皆有理形，胡塞尔本人也对这个概念颇为青睐。于是我们在此就面临了一个奇怪的事实：感觉物（只能作为我们注意力的相关物存在）也具有实在性质（无论我们意识到与否，它们都存在着）。

最后一种张力就是 RO-RQ，虽然张力的两端都不是直接可见的，但我们不能就此认为这种张力不存在。毕竟，莱布尼茨在单子论中正确地指出：虽然所有的实在物都是单一的，但它们都必须拥有众多性质，否则，实在物就无法彼此区分了。我把 RO-RQ 的这种张力称为**本质**（essence），因为它关系到的是属于某个实在事物的实在性质。由于后现代哲学思潮的影响，"本质"一词往往被视作具有政治压迫性的概念。然而，只有在反对那些声称拥有事物本质知识的人时，这种指责才是成立的。也就是说，例如，只有当这些人宣称知道中东人的本质就是要实行专制统治，或者宣称知道女性的本质就是要家庭优先于事业的时候，这种指责才是成立的。[6] 我们固然不能忘记，OOO 否认我们能够直接知晓任何事物的本质，但这并不意味着事物就没有内在性质——实际上，万事万物并不都是人的意愿和社会建构的产物，它们也具有那种无法完全还原的内在特征。由于本质是唯一一种完全由实在项组成（而不包含感觉项）的张力，因此它也是这四种张力中最难以考察的。在此，我们不妨回顾一下第二章中的那个图表，其中表明了 OOO 四重性中的四个端点是如何相互作用的。

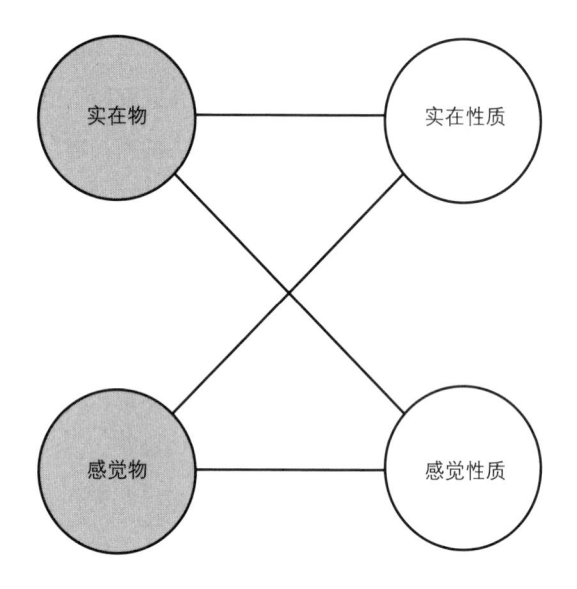

[图示:四个圆形,左上"实在物"(灰色)、右上"实在性质"、左下"感觉物"(灰色)、右下"感觉性质",四者之间以四条线相连]

图 1:物的四重性

存在两种物和两种性质:实在物、感觉物、实在性质以及感觉性质。实在物和实在性质可以独立存在,而感觉物和感觉性质则只能作为与其他实在物的关联物而存在,无论该实在物是否为人类。由于物无法脱离性质存在,性质也无法脱离物存在,因此我们只有四种可能的组合,如图中圆形之间的四条连线所示。

这里首先要对本体图(*ontography*)这个概念做个简要的综述,OOO可以借助"本体图"来考察两种物以及两种性质之间的裂隙。本体图的主要原则就是:世界上一切运动和静止状态都来自同一个根源——这就是物与其性质之间的相互作用。因此可以说,对于任何实在论而言,如果它主张可以直接通达实在物或实在性质,那么OOO本身都是反对的。但我们还是可以在OOO的支持者中看到这样的实在论：例如都灵大学的毛里齐奥·费拉里斯（Maurizio Ferraris）和波恩大学的马尔库斯·加布里尔（Markus Gabriel）的新实在论。[7]费拉里斯和加布里尔对整个欧洲哲学中甚嚣尘上的相对主义表达了担忧，因此他们致力于发展出一种能够获得关于实在之知识的实在论。这与OOO截然不同，在OOO看来，知识是双向还原（duomining）的结果，虽然知识对于人类的进步仍然十分重要，但它无可避免地把事物转变成了自身的低劣摹本。

因果关系

看到这里，读者或许会注意到：我们并没有提到物与性质的其他一些可能组合。例如：性质与性质的相互作用，或者物与物的相互作用。OOO是否认为这些组合毫无用处？显然并非如此，其实在某种意义上，这些相互作用会带来有意思的结果（如果我们能避免尴尬的首字母缩写的话）。感觉性质的合取（SQ-SQ）是不难理解的，因为任何实在物或感觉物都同时受到许多感觉性质的支持：我们每天航行的地中海是波光粼粼、涛声起伏的；荷马诗中那个神秘的酒暗色海也拥有许多感觉性质，启发着读者的体验和遐想。实在性质（RQ-RQ）之间的相互作用也是一样，它们需要经由某些实在或感觉物的中介。埃菲尔铁塔是个拥有许多实在特征的实在物，但它同时也是一个拥有许多实在特征的感觉物，如果没有这些特征，它就不会是我们所看到的埃菲尔铁塔了。RQ-SQ的合取也有同样的特点，它表明：每个物——无论是实在物还是感觉物——都同时拥有实在性质和感觉性质，该物构成了这两种性质的基础。

不过，当我们转向考察物之间的关系时，问题就变得更有意思了。我们发现实在物与感觉物（RO-SO）间的可能联系是唯一无需中介的联系。我本人作为实在物直接面对着感觉物，通过这些物所呈现的各种性质，我得以和水果、树木、人、动物、石块等等东西照面。显而易见，就像如果没有原子，眼前的那艘船就不可能存在一样，如果没有那些感觉性质，我也就无法经验到相应的感觉物。但如果说现象学有任何贡献的话，便在于向我们表明：经验主要是由物组成的，而这些物的性质则只在次要的意义上是经验的一部分。和RO-RO关系不同，另外两种物的关系需要中介。两个感觉物（SO-SO）可以在关于一个实在物的经验中建立联系，就如同我们在关于水果、人、动物和石头等的感觉中所看到的那样，这些物都是在同一时刻被经验到的。然而，鉴于感觉物只能作为经验者的相关物而存在，因此它们建立联系的唯一可能方式就是同时被同一个观察者所经验到。出于同样的原因，两个实在物（RO-RO）也只能在一个感觉物中建立联系。虽然这意味着一种非常古怪的因果理论，但这种理论是

OOO很愿意接受的：根据该理论，世界上的两个实在物无法通过碰撞的方式彼此接触，相反，它们实现接触的唯一方式是向彼此呈现出虚构图像（fictional images）。当一块实在的岩石与一块感觉的岩石相撞时，实在的岩石就受到一种回溯式的影响。这正是OOO所说的"替代性因果关系"（vicarious causation）。这个概念并不像它看起来那么古怪，因为这个思想进路在哲学史上已经存在了超过一千年。

虽然如此，无可否认的是，替代性因果关系仍然尚未成为主流的哲学概念。如果参阅一些关于因果关系的综述类读物，例如斯蒂芬·芒福德（Stephen Mumford）和里尔·安琼（Lill Anjum）的《因果关系：牛津通识读本》（*Causation: A Very Short Introduction*），我们就会发现两位作者完全没有提出两个事物间是否存在直接影响的问题。尽管如此，这个问题也不是近期才出现的。艾什尔里（Abu al-Hasan al-Ash'ari，874—936）和安萨里（al-Ghazali，1058—1111）等早期伊斯兰思想家就曾主张：神不仅是一切造物的源头，也是所有因果关系的源头——看起来像是火烧掉了棉布，但实际上使棉布燃烧的是神。[8]这个观点后来往往被和另一些带有宗教守旧色彩的教条放在一起，不过它一开始并没有进入欧洲的哲学传统。直到十七世纪，也就是笛卡尔、马勒伯朗士（Nicolas Malebranche，1638—1715）、斯宾诺莎、莱布尼茨和贝克莱的时代，因果关系才最终被归到了上帝的手中。如前所述，人们把这种理论称为"西方偶因论"（West occasionalism），不过这个名称通常被用来特指马勒伯朗士和他同时代一些思想家的学说。

这种哲学思想认为，世上一切事件都受上帝的干预——无论是棉球的燃烧，还是我出于自愿的举手。站在二十一世纪西方文明的立场，我们不免要对偶因论嗤之以鼻，但如果考察当代哲学，我们就会发现不少与之类似的主张。我所说的"当代"，指的是一个相当长的历史时期，从有哲学家提出的观点可以在字面意义上理解、而不被今天的我们嘲笑的那一刻起，历史就进入了当代。在当今主流的世俗化学术圈里，如果我们还在字面上捍卫笛卡尔那个统一身体和心灵的上帝概念，或者还坚持斯宾诺莎把上帝等同于自然的概念，又或者为莱布尼茨那个先定和谐却并不相互作用的单子论辩护的话，我们恐怕很快就会成为同侪的笑柄。贝克莱认为，万事万物都无非是人或上帝心灵中的图像，这个观点如今固然被认为是应该认真加以反驳的，但如果有人真诚地相信这个观点（而不是在辩论中有意扮演反方时才用到）的话，他或她也很快会成为人们嘲笑的对象。哲学思想直到十八世纪之后才逐渐开始免于被我们嘲笑，如今，字面上遵循休谟或康德教诲的学者一般不会被学术界视作笑柄。那种认为上帝是因果关系中介者的偶因论，休谟和康德当然是不会赞同的。但他们和偶因论者有一个共同点，那就是两者都宣称因果关系位于某个特别的实体中，休谟和康德认为这个实体就是人的心灵。休谟主张因果关系只能出现在经验的"惯常假设"以及由此形成的习惯之中。康德甚至更热切地告诉我们：因果性并不必然属于人类经验之外的世界，而是人类知性的一种先验结构。无论是偶因论者还是休谟和康德，他们都同意因果关系是个重要的问题，而解决这个问题的方法就是把一个最重要的实体当作所有因果关系的基础结构。

二十世纪二十年代，怀特海勇敢地重新拾起了经典的偶因论传统，他主张任何两个实体间的关系都是经由上帝建立的，只有经由上帝这个"永恒的物"，一切实体才能物化，其他实体才能被转变为可感知形式。不过就我所知，真正坚持所有因果中介之局部性的，目前仅有拉图尔一人，拉图尔不认为因果关系完全来自人的心灵或全能的上帝。在《潘多拉的希望》(*Pandora's Hope*)中，他给出了局部中介的一个经典例子：物理学家弗莱德里克·约里奥（Frédéric Joliot）在法国第一次把政治和中子联系在一起。尽管我在《网络君主》(*Prince of Networks*)中指出了拉图尔模型中的瑕疵，但这并不妨碍我对这位世俗偶因论奠基者的景仰之情——毕竟在这方面，拉图尔开创了西方哲学的先河。而OOO特别重视阐述两个实在物在一个感觉物中介下的相互作用，这使其成为拉图尔进路的一个变体。

在继续讨论之前，我们还应注意因果性讨论中的另一处人为限制。当代法国思想家甘丹·梅亚苏主张：自然定律可以在任何时候发生无理由的改变。也就是说，定律的偶然性是体现在时间中的，因此定律可以在没有人察觉的情况下不断改变。这正是我们通常讨论中原因和结果的含义，即：两个实体在时间的中介下（或者说"以历时性的方式"）相遇和相互影响的方式。但在某事物的整体-部分结构中，原因和结果也可以发生在单一时刻（也就是"以共生性的方式"发生）：例如，对一块金子而言，产生金原子的超新星爆炸固然是它的原因，但我们同样也可以说这块金子内部的原子和分子是它的原因。尽管梅亚苏大胆地质疑了自然定律永恒不变（或者即便有改变，也都基于可理解的理由）的假定，但他无法说明最初大量的金原子是会形成几堆黄金还是会形成银子或云朵之类的东西。而在 OOO 看来，物质组成是因果关系的首要意义，因为 OOO 认为：分离事物之间的任何关系都能够产生新的复合物。虽然若干个复合物之间的关系形成新的物的过程是显著的，但对于那些快速形成而又即刻分解的物而言，我们就很难看出它们的效应了。我常用的一个例子是两架空中相撞的飞机，根据 OOO 的解释，这个过程产生了一个生命非常短暂的新的碰撞物，随即组成它的两个复合物受到了严重的回溯效应的影响，而后这个碰撞物就分解为最初的组成部分。[9]另一个例子就是情侣的分手，这种关系形成了一个解体的新物，并且对感情双方各自都产生着持续性的影响。

知识

我们在前文中曾指出，OOO与两个基本类型的知识都不相同：它既不是事物的组成，也不是事物的后果。非但如此，我还认为：哲学和艺术虽然不属于知识，但它们构成了认知的形式。在一些读者看来，这是个令人震惊的观点，因为在如今这个时代，知识的生产已经成了社会组织原则的基础，并且知识也支撑着我们对历史进步的那受伤但仍然残存的信心。科学取代了教会，成为占支配地位的知识终审法庭。不可否认，科学取得这种支配地位是有充分理由的。如果要选择人类历史上最重要的事件，那么始于十七世纪欧洲的科学革命很有可能获选，尽管当今学界也注意到了科学革命的缺陷。如果缺乏知识，人类就有灭亡的危险；如果失去了知识增长这一前提，我们的未来就会是一片无望的黑暗。因此虽然OOO认为，无论是向上还原还是向下还原，知识都无法完美地转译其对象，但我们关于物的把握还是有优劣之分的。如果被提前诊断出癌症，我们当然会想办法到排名最高的肿瘤医院就诊，而不是去向诗人寻求解药；当开车横穿美国的时候，我们当然会使用GPS定位系统，而不会去使用探险家路易斯和克拉克时代的那些不准确的地图。为了积累和精进各自领域的知识，人们通常要花费许多年的时间，OOO无意贬低我们在这方面的努力，因此OOO并不认为知识仅仅是对深藏在事物自身中的不可知本质的转译。知识问题显然是至关重要的。

当追问知识的本质时，我们可以利用此前的讨论来缩小可能答案的范围。首先，OOO坚决反对知识可以直接通达实在；我们甚至不认为物理因果关系需要两个实体的直接接触。因此我们当然也不会认为"心灵"拥有比"身体"更强的能力。此外，我们还知道知识不可能具备隐喻的特征，因为隐喻是美学和哲学发挥作用的中介，与此相反，知识必定要把真实的性质归赋给它所知道的物。我们不应期待艺术能带来知识，同样地，我们也不应期待科学能带来美，尽管不无讽刺意味的是，科学家如今谈到"美"的次数要比艺术家更多。此外，我们也必须排除知识通过"渐近"的方式通达实在的可能性，这种方式意味着知识总是不断趋近实在，却始终无法达到它，海德格尔那里的"揭示"或"去蔽"概念似乎就体现了这种想法。渐近方式的问题在于，它假定如果我们拥有关于实在的知识，我们就会在量上更接近实在，然而OOO在一开始就排除了这种可能性，因为OOO认为实在物与感觉物之间存在着不可逾越的鸿沟。如果——正如OOO所认为的——任何理论与实在之间都隔着不可弭平的间隙，那么究竟在什么意义上爱因斯坦的引力理论会比牛顿的理论"更接近"真理呢？无论良方与劣药之间的差异是怎样的，那都不可能是因为前者描绘出了比后者更准确的实在图像：因为图像与它所描绘的实在之间横亘着绝对意义上的鸿沟。

我还想到了一个替代方案：哲学家往往主张知识意味着"确证的真信念"（justified true belief）。在 OOO 看来，这个短语中的"真"一词并没有给我们带来多少信心，因为真意味着对实在的直接把握，而这种把握如何可能，仍然是不完全清楚的：例如，仅仅是阐明我感知到的手臂与我真正手臂之间的关系就会带来很多困难。更一般地说，OOO 认为任何形式都无法在不同位置之间完美转译，其中包括实在的（关于实在的）知识、思维或感知的转译。不过，或许"确证"这个词是更有帮助的，因此更好的知识就是有着更好"确证"的信念。关于这个问题的研究文献早已汗牛充栋，在此不妨简要谈谈学界关于知识本质的一些基本观点。由于知识不可能是隐喻的（隐喻是美学和哲学的领域），因此知识必定是字面的，也就是说，知识必定在于如何向上／向下还原的方式表述某物的性质或结果。又因为知识不可能是"真理"，因为真理意味着对世界的直接揭示，而那是不可能的，因此知识就必须与实在建立某种非直接接触——因为我们认为直接接触是不可能的。然而，与美学不同，知识的意义并不在于去经验某个实在物的那种不可知的独一性，而是要对我们已经拥有的某个感觉物之特征加以部分地把握。这意味着：如果说美学牵涉到了实在物，那么知识就必定通过某种方式把实在性质带了进来。

美诺

让我们首先谈谈柏拉图的《美诺篇》,这篇对话通常被视作柏拉图研究者的理想入门读物,不过我认为它比入门读物重要得多:《美诺篇》是有史以来最重要的哲学著作之一。在接下来的讨论中,我省略了对话中的两个有趣的部分,因为它们超出了我们当前关注的主题,这两个地方是:(1)柏拉图试图以未受教育的奴隶孩子为例说明,知识是对前世已知的东西的回忆;(2)通过描写苏格拉底激怒爱国的阿尼图斯(Anytus)的情节,为前者最终的受审以及死亡埋下伏笔。

对话伊始,美诺问苏格拉底美德是否可教。不妨回想一下,"美德"一词的希腊语是 arete (αρετη),它的含义要比英文中的"virtue"广泛得多,如此一来,这个本就十分有意思的问题就更加有趣了。也就是说,美诺问题可以扩展到一个更普遍的问题:任何东西是否可教?苏格拉底对此的回应要比初看之下更有意思:"如果连什么是美德都不知道,又如何知道它的性质呢?好比说我对美诺一无所知,我能说出他长得是否英俊,是否富裕,他的出身是否高贵吗?你认为有这种可能吗?"[10]在这篇对话作结之前(或许在它结束之后),"知识"的地位问题都一直是悬而未决的。对我们讨论的主题而言,更有意思的地方在于,苏格拉底区分了事物和事物的性质。常识性的前美学和前哲学经验似乎是依据"性质束"的模型来运作，根据这个模型，事物与事物的特征并无区别。但可惜的是，苏格拉底在某种程度上弱化了这个问题，因为他把讨论的重点从美德是什么的问题转移到了美诺是谁的知识。不过后面这个问题并不太棘手，因为只要让某人指着美诺，我们就可以知道"美诺是谁"了；而一旦这个人照做了，美诺的许多性质——例如是否英俊——就会一下子呈现在我们面前。不过，美德与其性质的区别是个更有意思的论题，而如果我们问的不仅仅是"美诺是谁"，而是"在最深层的意义上，美诺究竟是什么"，那么美诺本身的问题也会变得和美德问题一样有趣。因为这些问题关注的不仅仅是如何在大街上认出美诺，而是那个从未在其特征中完全表达出来的、从实在中退离的美诺。

美诺无法对美德是什么的问题给出令人满意的回答，这样的失败也曾出现在柏拉图其他对话篇章的对话者身上。美诺一开始仅仅给出了美德的例子，他认为妇女、儿童、老人、自由人和奴隶各有不同的美德："在人生的每一时刻和每一行为中，我们每个人都会有一种与之相应的美德，与具体的不同功能相连；同时，我还要说，也存在有一种恶德。"[11]苏格拉底指出这些例子并不算是定义，而且尽管美德多种多样，但它们至少全都具有某种共同的性质使其成为美德，于是美诺最后试图对美德下个定义。他对此作了两次尝试，但都失败了。首先，美诺提出美德是统治人的能力，但苏格拉底回答说这种美德不适用于"儿童或奴隶"。[12] 显然，美诺在此的意思是公正地统治他人。例如，在今天，让一个未受专业训练的人去进行外科手术或驾驶飞机显然不是美德，尽管这些显然也属于对他人的统治。美诺同意统治必须是公正的，但他给出的第二个美德定义看上去同样很荒谬："所谓美德，就是有能力欲求和获得美的事物。"[13] 在苏格拉底的敦促下，美诺给出了美的事物的几个例子：健康、金银、荣誉和官职。[14] 然而这个定义至少有两个可能的难题。首先，我们通常不会认为偷窃金银是美德，因此我们只能说公正地获得美的事物才算是美德。即便我们可以设想某个无道德的自恋者会毫不犹豫地用不正义的手段取得他人的财物，我们仍然需要在看起来美的事物和真正美的事物之间做出区分。如果某人认为海洛因是美好的事物，并且可以不受法律制裁地吸毒，但即便如此，吸毒本身还是会损害他的健康。因此，如果没有智慧来区分真正美的事物和仅仅看起来美的事物，我们就不能算是拥有美德。于是美诺通过性质来定义美德的尝试又一次失败了，他的定义依赖于"正义"和"智慧"等概念，但这些概念本身并不比"美德"更容易定义。我们似乎得出了一个与OOO相矛盾的结论，即：苏格拉底试图定义的那些概念，全都无法用论述或字面的方式加以解释。美诺在对美德的第二个定义中使用了"美"一词，这是个奇特的巧妙做法，因为在康德看来，美永远无法被确切地描述和定义。鉴于在柏拉图的所有对话中,苏格拉底都从未成功地定义过任何东西,因此我们不能认为定义的失败是他永不满足的反讽造成的,而应当思考这样一个问题:是否存在任何能用字面方式加以定义的事物?换言之,我们似乎进一步证实了OOO所主张的哲学和美学之间的紧密联系。

接下来,在本篇最著名的那段对话中,美诺对自己多次定义美德的失败感到既惊诧又困惑。他提出了一个论点,但遭到了苏格拉底的明确反对,我们如今往往将这个论点称为"美诺悖论",它是这样的:一个人不应去寻求任何东西的定义,因为如果他知道,就没有必要再去探索;而如果他不知道,那么即便找到了定义,他也无法识别出来。[15] 苏格拉底对此作了一番很能打动人心的答复:学识不是一种"要么全有,要么全无"的东西。我们既有真理,又有谬误,因此,"当人回忆起某种知识的时候——也就是人们所说的学习一种知识的时候——那么没有理由说他不能发现其他所有知识,只要他持之以恒地探索,从不懈怠,因为探索和学习实际上不是别的,只不过是回忆罢了。"[16] 在此,"回忆"关系到柏拉图关于灵魂的著名论述:在人出生之前,他的灵魂就拥有万物的知识,但在进入肉体之后,灵魂由于种种的欢愉和痛苦而丢掉了知识,不过当受到激发时,灵魂仍然能够回忆起这些知识。即便不同意柏拉图灵魂理论的细节,我们仍然可以看出该理论的核心价值在于这样一种洞见,即:我们对于任何事物既不是完全无知,也不是完全知晓。

在这段对话的结尾处,美诺坚持要苏格拉底回答美德是否可教这个问题。尽管苏格拉底还想追问美德是什么,但在美诺的催促下,他在提出问题的同时,也表示:"如果美德是某种知识,那么它显然可教。"[17]但正如苏格拉底所言:"我经常在寻找,想知道有没有美德的教师,尽管我竭尽全力,还有许多人和我一起寻找,我相信这些同伴在这方面是最有经验的,但我仍旧没能找到。"[18]在一系列提问之后,苏格拉底引导美诺得出了相同的结论:不存在美德的教师,因为美德并不是知识。[19]既然美德不是知识,那么它究竟是什么呢?知识是相对于"真意见"或"正确的意见"而言的。为此,苏格拉底以通往拉利萨的道路为例,给出了那个著名的论述。一个知道拉利萨怎么走的人显然能够把正确的路线告诉其他人,但还存在一种更有意思的情形:"若一个人对该走哪条路有正确的意见,那么尽管他从来没有去过那里,也不知道该走哪条路,他不也能正确地带领其他人到达目的地吗?"[20]

苏格拉底接着指出:就最终结果而言,正确的意见未必比知识差,但美诺并不打算接受这个极端的看法,他回答道:"差别仅在于有知识的人会一直获得成功,而有正确意见的人只在某些时候获得成功。"[21]对此,苏格拉底聪明地回应说,有正确意见的人也能一直成功,于是美诺表达了他的困惑:为什么知识比正确意见得到更高的奖赏呢?苏格拉底以他宣称的祖先代达罗斯的铜像为例,解释了这个问题:这些雕像是如此栩栩如生,以至如果不捆绑起来,它们就会逃跑。[22] 知识就像被捆绑而无法逃跑的真意见。他还补充说,"我们用理性来捆绑它们",就如同我们用理由来确定通往拉利萨的真正道路一样。[23] 但苏格拉底后面这句话就有些令人费解了,他说:"我亲爱的美诺,这个过程就是回忆,我们在前面已经对此表示同意了。它们一旦被捆绑住,也就变成知识,成了稳定的东西。"[24]

不过,这个论点并不周延。首先,把被捆绑的知识等同于回忆是说不通的,因为捆绑的说法此前是作为知识和无知之间的中间状态而引入的,它并不能视作知识的来源。其次,尽管这段对话似乎是在称赞被捆绑的知识,但众所周知,苏格拉底并不是知识的鼓吹者,他也对宣称自己拥有知识的教师不以为然。苏格拉底关于知识的主要态度是:(1)他宣称自己什么都不知道,并且从不想做别人的老师;(2)他向来会对任何主张拥有知识的人予以公开的嘲笑。正如十五世纪重要的德意志宗教思想家库萨的尼古拉(Nicholas of Cusa)所言:哲学不是其他,而恰是始终保持"有学问的无知"(learned ignorance)。[25] 如果要举出知识的典型例子,我们通常想到的就是数学。诚然,苏格拉底曾通过几何学问题来证明奴隶孩子也具有回忆的能力,而且柏拉图对数学的称颂也是众所周知的,但苏格拉底和柏拉图都不太可能把数学和哲学等量齐观，更不会认为数学高于哲学。对此，我们只需回顾柏拉图在《理想国》中那个"四分线"的例子：位于最下部分的是影子，影子之上是感官对象，再往上是数学对象，而哲学家所追求的理形则是最高的。[26] 苏格拉底把美德称为正确的意见并不是对后者的贬低，因为苏格拉底认为美德是不可教授的"神赐之物"，这与亚里士多德对隐喻的形容非常相似。[27]

在继续讨论之前，让我们归纳一下《美诺篇》带给我们的教益。首先，苏格拉底并不把知道某事物等同于知道该事物的性质。无论知识在"*philosophia*"中的地位最终如何，我们都要注意到：苏格拉底并不赞同物的"性质束"理论。其次，苏格拉底不认为我们对知识的拥有是非黑即白的。他引入知识回忆说的目的就在于表明：就像我们可以用间接的语言谈论某事物而无需直接表述出来一样，我们知道某事物未必意味着完全知道它。与第一点类似，这使我们有理由反对这样的看法，即：把握某物就是对其性质做出字面的阐释。第三，就如同"*philosophia*"或任何不可教的东西一样，美德不是知识，而是"神赐之物"。我们之所以把哲学称为神赐之物，并不是要把它作为极少数天才精英的专属，相反，我们是要借此表明：就如同美术一样，哲学也无法被还原为一系列规则和标准。

关于确证的真信念的其他观点

在得出知识本质问题的结论之前，让我们先考察一下关于这个问题的其他观点。埃德蒙德·盖梯尔（Edmund Gettier）的那篇《确证的真信念是知识吗？》（"Is Justified True Belief Knowledge?"）可以说是战后最著名的哲学论文之一。此文有两个特别惊人的地方：一是它的篇幅仅有三页，二是那位著名的作者此后再也没有发表过其他学术论文。盖梯尔注意到：许多哲学家试图把知识定义为确证的真信念，这类观点最古老的源头似乎是柏拉图的《美诺篇》。[28] 在这篇论文中，盖梯尔证明了"确证的真信念"并不是知识的充分条件。盖梯尔文中给出了两个例子，我们主要谈论其中一个。想象一下：史密斯和琼斯同时应聘某公司的同一个职位，史密斯事先从该公司的总裁那里得知琼斯会得到这个职位。出于某个奇怪的原因，史密斯有机会清点并发现琼斯口袋里有十枚硬币。据此，史密斯确证地相信："会得到职位的那个人口袋里有十枚硬币。"然而史密斯不知道的是，该公司实际上决定聘用史密斯而不是琼斯，此外，史密斯也不知道他自己口袋里其实正好也有十枚硬币。这样一来，当史密斯惊喜地获得了这个职位，并且在自己口袋里找到十枚硬币之后，他就会发现"得到职位的那个人口袋里有十枚硬币"这句话为真。因此史密斯此前的信念既是确证的又是真的——他对此有良好的证据,而且这句话被证明是正确的。然而,这句话之所以正确,纯粹是出于运气,因此我们当然不会把它称为知识。盖梯尔的这篇论文激起了学界巨大的反响,五十多年后的今天,相关的问题仍然被人们所讨论。但我不拟在此谈论这方面的细节,我们关心的是盖梯尔的结论,即:真和确证都不是使信念成为知识的充分条件。

那么,"真"和"确证"是不是知识的必要条件呢?首先让我们看看确证是不是必须的。1992年,克里斯平·萨特韦尔(Crispin Sartwell)在《为什么知识仅仅是真信念》("Why Knowledge is Merely True Belief")一文中对此作了回答。由标题可知,萨特韦尔显然不认为确证是必要的,他在文中提出了取消确证的策略,并把知识单纯地定义为"真信念"。萨特韦尔还批评了威廉·莱肯(William Lycan)试图在知识定义中引入优雅性、经济性和演化优势等其他标准的做法,借此预先反驳了那些可能主张"确证信念"的观点。不过,当我们无法达到真时,确证也是可以将就使用的。而如果"为真"意味着信念与实在的符合或者其他什么微妙的类别(例如海德格尔那里的局部"揭示"),那么OOO就不可能像萨特韦尔那样把真作为知识的标准了。用OOO的术语说,知识意味着向上、向下或者双向还原,故而在OOO看来,知识应当被定义为"确证的非真信念"(justified untrue belief),因为通常意义上的知识是不可能的。对OOO而言,"确证的非真信念"之所以非常值得一提，是因为我们的论述曾表明美学恰恰是相反的——它体现了一种"不确证的真信念"。毕竟，尽管显然没有科学的确证表明海的颜色像酒一样暗，但在戏剧地激活酒暗色的海的那一刻，我们就把握了它。海和酒的相似并不是字面意义上的，不然的话，我们就只能写出"钢笔就像铅笔"这类毫无审美的乏味句子了。不过，鉴于美学被视作知识的反转形式（inverted form）——它是"不确证的真信念"，而非确证的非真信念——因此我们或许可以通过反转戏剧的隐喻模型，从OOO的立场来理解知识的本质。

不妨先回顾一下前述隐喻运作的方式（一般意义上的审美经验也可以用类似的方式来解释）。荷马的诗句使得海和酒彼此接近，并将两者置于一定的顺序中：我们说"酒暗色的海"而不说"海暗色的酒"。这意味着作为物的海接受了酒的那种暗色的性质——或许还有不节制和迷醉的性质。于是我们手头就有了SO（海）和SQ（酒的性质）。但我们不可能在字面意义上把酒的性质归赋给海，否则我们就会得出"钢笔就像铅笔"这种字面陈述了。因此，尽管酒的性质仍是我们所熟悉的，但那片海却成了神秘之物，而酒的性质则围绕着神秘的海旋转。换言之，在此，作为实在物（RO）的海取代了作为感觉物（SO）的海。因而隐喻的作用应当是把RO（海）和SQ（酒的性质）结合起来。于是我们就来到了隐喻的最后一个阶段：RO（海）不可能参与到隐喻中来，因为在任何关系中，RO都是退离的。这样一来，SQ（酒的性质）就失去了依附，成了飘浮在空中的东西。然而现象学告诉我们：不存在脱离了物的性质束。由于RO（海）已经永远不可获得，因此它会被RO（欣赏者）所替代。作为诗歌的读者，我本人必须通过介入并取代缺席的海的方式来表演（perform，实施）隐喻，否则这个隐喻就无法成立了。可以说，隐喻并不要向下挖掘出海的实在，而是要在酒的感觉性质之上，建构出一种全新的、戏剧的海之实在。酒暗色的海这个信念并不存在"确证"，因为它并不以字面意义上的比拟为基础。然而，这个信念不可能是"非真"的，因为正是在我相信它的行动中，该信念创造出了属于其自身的物。正是出于这个原因，美学被称为"不确证的真信念"；当然，就如同萨特韦尔的"真信念"论所大胆地宣称的那样，美学并不属于知识。

确证的非真信念

那么知识又是怎么回事呢？它显然是美学的反转，是一种"确证的非真信念"。知识过程与审美过程类似，只不过在知识中被取消和替代的是感觉物。不妨以太阳这个熟悉的感觉物为例，在日常经验中，我们一般并不区分作为物（SO）的太阳和作为其性质（SQ）的太阳；相反，我们会默认采用某种"性质束"理论，把太阳视作其感觉特征的总和。然而，当我们旨在获得关于太阳的*知识*的时候，它的感觉性质就会被视作不充分的东西而得以取消，因为我们所寻求的是比太阳的表象更深的知识。例如，我们知道太阳显得很小是由于遥远的距离而产生的视觉表象。在这个以及其他情形中，我们想要知道太阳的实在性质，尽管不无反讽，我们在此所关注的仍然是感觉意义上的太阳（SO），而非实在的太阳（RO），因为后者是美学而非科学所关心的。（毕竟，科学怎么会对那种从一切直接通达关系中退离的东西感兴趣呢？）面对这种情形，胡塞尔会让我们忽略自己的感觉，并专注倾听理智告诉我们的东西，因为在他看来，理智应当能带给我们RQ（太阳的性质）而非SQ（太阳的性质）。然而，理智实际上并不比感觉更能把握RQ；胡塞尔关于感觉与理智的对立实际上并不比海德格尔工具分析中的实践和理论之分更加深刻。事实上，正如同RO（海）在隐喻中无法获得一样，我们也永远无法直接通达RQ（太阳的性质）。回想一下，在隐喻场景中，那不可把握的RO（海）戏剧地被RO（欣赏者）所替代。在知识的场景中，我们寻求的是RQ（太阳的性质）的替代者，但由于这个替代者显然应该是性质而非物，因此隐喻中的戏剧解决方案并不适用于知识。

在隐喻的场景中，RO（欣赏者）介入并帮助实现了隐喻，因此我们要问的是：在知识的场景中，发挥这种作用的

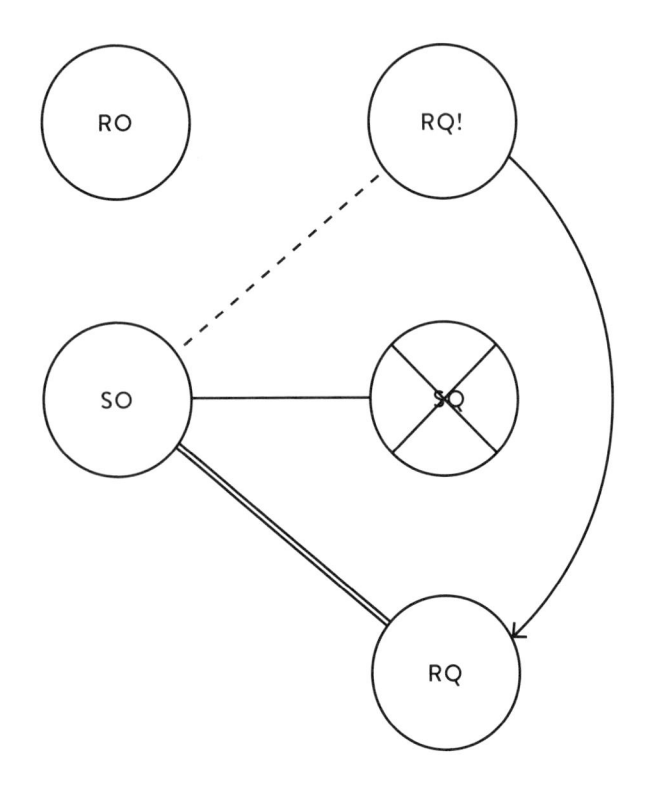

图 3：知识

上图显示了一种与图 2 类似的作用。我们一开始面对的也是感觉物和它的感觉性质。根据胡塞尔的现象学观点，事物的显著性质过于浅显，因而无法带给我们真正的知识（见上图的 SQ 被打了"×"号）。胡塞尔认为，我们可以通过理智而非感觉来知晓物的实在性质，但 OOO 则主张实在性质——就如同实在物一样——也会从感觉经验和理智经验中退离：见上图最上方的 RQ 旁边的惊叹号"！"。出于这个原因，感觉物 SO 便只能与我自身作为认知者所带入的替补 RQ 相结合了。

是哪一个 RQ 呢？我们无法直接知道 RQ（太阳的性质），因为与胡塞尔所持的理智先验能力的观点相反，RQ（太阳的性质）实际上与 RO（太阳）一样是退离的。我们也无法在经验里太阳周围的事物中找到所需的 RQ，因为这些也只是体现着感觉性质的感觉物而已。于是，欣赏者再一次不得不发挥作用，来促成 SO（太阳）与 RQ（欣赏者的性质）的结合。需要再次强调，这不同于欣赏者在隐喻中戏剧地使 RO（欣赏者）和 SQ（酒的性质）结合起来，因为在知识中，我们自身并不像在荷马的隐喻中那样介入并取代那个缺席的海。相反，我们把自身的实在性质以某种方式借给了 SO（太阳），这个过程我稍后将作详细说明。正是出于这个原因，知识并不像审美经验那样需要个人深深投入其中：我可以不带感情地看待知识上的难题，而无需像在审美中那样不断用自身的存在来维系它。一旦我们对某个艺术品感到厌倦，那个艺术品就不再是艺术品，但对知识而言，厌倦从来就不是问题，它完全不会使知识的对象受损。

让我们给 OOO 知识模型所需的这些特征做个归纳。如前所述，我们无法直接揭示出事物（甚至无法揭示事物的一部分），因此知识与其说是"真理"的问题，不如说是与实在间接接触的问题，也就是说，它涉及的是实在而非感觉。进一步说，我们也曾指出，与美学不同，在知识中起作用的实在是实在性质而非实在物。毕竟，知识（不同于美学）一方面关注的是感觉物而非实在物,另一方面,知识不是要获得任何感觉性质,而是旨在获得感觉物的实在性质。此外,前文还说到,知识只能是字面的而不可能是隐喻的,因为知识的对象——例如 SO(太阳)或其他任何的 SO——必定要被还原到它们的性质,从而使它们成为完全由其成分或结果组成的束。在隐喻中,性质以围绕某个神秘物的方式被我们直接经验到;而在知识中,物则以一束神秘之物的方式直接呈现在我们面前。最后,知识必定是"确证的非真信念"。说它"非真"的理由很简单,因为显而易见,知识所面对的不是可直接通达的真理,而是一种隐秘的实在。与此相比,说它"确证"的理由就不那么明显了:首先,知识中所把握的实在性质不可能来自物自身,而必定要来自欣赏者,后者的实在(就和审美的情形一样)是唯一在场而不退离的。

没有真理的知识

现在我们要对此前的术语稍加修改,并在"知识"与"真理"之间作出区分。我们之前认为这两个术语或多或少是可以互换使用的:也就是说,知识和真理都是"向上还原"的形式,它们旨在把物的实在完全还原为它们对人的意识的直接可通达性。正是在这个背景下,我们赞同苏格拉底关于不存在知识的主张:因为如果存在知识,那么我们就应当能够找到教授知识的人，然而《美诺篇》给我们的一个重要教诲就是：不存在教师——苏格拉底本人就更不可能是了。出于这个原因，我们在此要把"真理"视作一个贬义词，它指的是那些宣称能直接通达实在的虚假声言，并用"知识"来指称那些毫无疑问存在着的肯定意义上的现象：例如某些历史时期和地方的艺术大师身上体现出的卓越造诣。不瞒大家，我此时是在一家医院里写出这段话的——该医院在某特定专业上处于全美顶尖水平，这也正是我的一位家人选择在此医院而不在其他地方治疗的原因。根据 OOO 的公理，我们不可能直接通达这家医院的实在，因为否则我自身和医院的卓越造诣之间的关系就等同于卓越造诣本身了：就像碳本身等同于它在二氧化碳中所发挥的作用一样。换言之，我们无法获得任何关于这家医院的真理，但这并非因为万事万物都是相对的，因而它们仅仅取决于我们的意见或者特定文化建构现实的方式。相反，之所以如此，是因为医院的实在——就如同一切其他事物的实在那样——始终超越任何可能的意见。我们在此特意决定让"知识"一词与真理分开，并承认了知识的可能性——它是在这个意义上说的，即：尽管知识不可能是其对象的正确字面解释，但有某种造诣总归比没有造诣要好。这家医院的专家拥有知识，我们对这个事实本身也拥有一定的知识。然而，这两种知识都不属于向上还原，因为它们都无法直接通达情境本身的实在。我们之所以感受到医院的卓越造诣，这在很大程度上不只是因为官方的医疗排名，而是因为我们已经默默熟识了一系列声誉良好的医疗机构，尽管这些机构的医疗水平可能比不上该医院；医生诊疗时的方法和态度也会提高我们对医院的信心，尽管我们没法确切地了解它们的程度。非但如此，医生本人的知识也不完全是向上还原，因为无论是她对 MRI（核磁共振）结果的解读、对某病例是否实施手术的判断，还是她对高低不等的手术风险的权衡，这些与其说是科学，倒不如说是一门艺术。我们可以用更技术化的方式，将这种状况表述如下。向下还原和向上还原是用感觉成分替代实在物的不同方式：这些感觉成分可以是事物的组成部分，也可以是事物在其他事物中引发的后果，无论何种情形，还原者都宣称能够直接通达其所要替代的东西，因此它们都宣称拥有了知识。然而，医院的例子并不涉及这些。相反，在面对医院时，我们首先有一个感觉物（某种常见的病症），该物由一些隐秘的实在性质组成，医生在某种程度上知道这些性质，但并不宣称能够直接或完全地通达它们。由于这些性质是实在物而非感觉物，这显然表明此处谈论的不是向上、向下或者双向还原的问题。与向上或向下还原不同，物在此并未被混同为它的组成部分或它的后果，因为对医生而言，成分和后果都不足以用于诊断疾病。

让我们看看一个与此相关的问题，该问题源于这样一种主张：疾病这类对象的实在性质并非来自该对象自身——我们无法直接通达它——而是来自作为欣赏者的我所拥有的性质。在《身体的多重》(The Body Multiple)这本颇有影响的著作中，安妮玛丽·摩尔（Annemarie Mol）提出了关于医学对象的极端相对主义观点。从OOO的角度看来，摩尔论述的一个重要缺陷在于，她的立场毫无疑问是向上还原的：摩尔认为，并不存在一种名为"动脉粥样硬化"的统一的疾病（这个例子是她自己举的），因为该疾病以不同的方式体现在不同的症状中，我们对它的诊断也是不同的，在摩尔看来，没有理由认为这些症状背后存在着单个统一的疾病。在许多支持者看来，这个理论的主要优势在于，它在医疗实践等领域提出了一个更灵活的真理观。通过主张每个医疗实践都会产生它自己关于某种疾病的真理，摩尔的"身体多重本体论"（Body Multiple Ontology，我并不是在讽刺意义上说的）似乎更想造就一种百花齐放的本体论图景，而不愿意让理性的警察来剔除掉一切杂音。然而，任何一个把本书从头读到这个章节的读者大概都会知道：OOO不仅反对向上还原，而且OOO认为疾病的实在是与任何关于疾病的真理相对立的，无论这种真理有多么完备。除了OOO的实在论与摩尔的非实在论的显著差异之外，摩尔还认为：由于每个诊断实践都给出了动脉粥样硬化的不同定义，而且由于疾病的数量会因此变得无限多，故而在无数不同的文化语境中，我们总是可以得出全新的诊断实践。与此相反，OOO虽然倾向于认为每个实在物都能支撑起多种类型的知识，但OOO主张知识的数量并不是无限的。更具体地说，某种疾病的解释方式或许是五六种，类似地，无论是处理政治僵局的方法、翻译《哈姆雷特》的方式、还是我们的新思想与康德哲学相结合的方式等等，它们的数目充其量也就是六七种罢了。后现代主义者往往会从单一真理骤然跳跃到无数多真理，但这么做实际上错失了有限多真理这个更有意思的选项。

回到论证的主要部分：知识的实在性质来自欣赏者而非知识的感觉物本身，这个说法是什么意思？它的否定部分是比较清楚的：当观察太阳并且试图给出关于太阳的理论时，我们无法直接通达属于太阳的真实而实在的性质，因为实在性质和实在物一样是退离的（尽管胡塞尔不这么认为）。相比之下，这个主张的肯定部分更加让人疑惑：欣赏者在什么意义上为感觉物提供了实在性质呢？从实用的角度说，我们所面对的任何感觉物的实在性质，其实出现在那些未被人注意的背景假定中，正是这些假定使得该物对我们可见。这种感觉物由无法加以字面陈述的未知实在性质组成，它并非外部的物的直接产物，而是来自我们自身，我们应当如何称呼这类物呢？我认为我们可以称其为范式（paradigm），这个概念最初由托马斯·库恩（Thomas Kuhn）引入科学哲学。库恩试图用"范式转移"的突变取代传统渐进主义的科学进步模型，在范式转移中，科学的整个进程发生了突然的改变：例如生物学中的达尔文、物理学中的牛顿和爱因斯坦，都带来了范式转移。[29] 有时，甚至库恩的论战对手也会无意中流露出类似范式的观点：例如，虽然伊姆雷·拉卡托斯（Imre Lakatos）是库恩的坚定反对者，但我觉得拉卡托斯的"研究纲领"概念就与库恩的范式概念很相似。[30] 两者都认为，任何科学纲领或计划都有一个坚固的核心，即便遇到矛盾的证据，科学家也不会轻易放弃这个核心。卡尔·波普尔（Karl Popper）认为只要一个证伪实验就足以推翻科学理论，但库恩和拉卡托斯都认为这事实上不可能发生。[31] 无论如何，许多人之所以反对库恩，是因为他们觉得库恩主张科学是由新旧范式之间的"非理性"替换组成的，而这种替换则建立在一些"社会学"理由之上，正是它们促使科学家仿佛宗教皈依一样抛弃旧范式，接受新范式。[32] 不过，范式的转移显然未必都是非理性的。我们往往有充分的理由来解释范式转移何以发生，当然，由于新范式无法像旧范式那样广泛和完善，我们时常也需要做出"信仰上的一跃"，才能舍弃旧范式并接受萌芽的新范式。更重要的是，库恩区分了两种历史时期：一种是知识的历史性范式转移期，另一种则是他称之为"常规科学"（normal science）的渐变期。虽然范式是实在的，但它们难以转译成语词，相反，常规科学的难题则总是可以用字面语言表述出来。不过范式的实在性并不是在OOO所谓的缺席的意义上说的，因为范式不仅是实在的,而且它始终以背景媒介(background medium)的方式在场。根据麦克卢汉著名的论述,媒介对我们的影响要比其内容更加深刻:不妨想想他那句口号"媒介即讯息"(the medium is the message)。[33] 类似地,库恩那里的范式是关于科学物的一系列未明述的假定,随着它们渐渐地被字面化(literalized),范式在变得可教的同时也进入了衰退期。就如同社会理论的共生关系一样,范式(也就是拉卡托斯所说的科学研究纲领)只有在其假定尚未被完全理解时才能发挥作用。在科学发展的"英雄"时期,新理论的大多数关键特征被成功地开启和表露出来,而在科学的稳定时期,人们建立起了字面的正统理论,于是一切不服从的意见就受到了压制。实际上,这种现象不仅出现在自然科学领域,而且出现在包括哲学在内的人类知识的一切领域。

库恩的范式理论为OOO知识模型提供了初步的帮助。OOO知识模型并不把知识视作被证实的具体事实的直接呈现,相反,在我们看来,知识是组成科学物的一种潜在的范式或媒介,其基本条件从来无法在字面上加以陈述。我们不能说范式本身是实在的,因为范式是感觉物而非实在物。尽管如此,范式在字面上是由实在性质组成的:这些模糊的、最初未被陈述的背景假定构成了范式的基础。此外,范式也是一种"非真"的信念,因为它并非世界的准确镜像,而且注定要被更好的范式所替代;不过范式的确是确证的信念,因为它那未被陈述的原则能够带来丰硕的研究成果。这个标准在拉卡托斯那里更加清晰：当范式使新预测成为可能时，这种范式就是"进步"的；而当它们只能靠特设（ad hoc）假说和预测已发生的事件加以维系时，范式就进入了"退化"阶段。在前文讨论隐喻时，我们提到了戏剧性，在此我们要强调的则是承诺（commitment），因为尽管我们的生活始终是遵循某个范式的，但与隐喻和审美不同，范式在当下的存在并不要求我们个人的关注。如果斯坦尼斯拉夫斯基是审美的权威，那么范式的权威就是哲学家克尔凯郭尔，他曾敦促世人：我们永远不会有足够的证据来确证那些改变自己一生的选择，相反，我们必须根据不完全的证据来做出决定。[34]

这样一来，读者大概就会了解为什么我认为诉诸真理来反对特朗普并不是个好主意了。在 OOO 看来，世上并没有真理：这不是因为世上没有实在物，而是因为实在是如此地真实，以至任何试图将其转译成字面词项的努力都注定要失败。我们固然可以诉诸知识来反对特朗普的欺骗和逃避，但只有当我们放弃原先基于可直接掌控的感觉性质的知识定义，并采用一种全新的、结合了实在性质的知识定义时，这种做法才能成功。试想一下：我们有一台能够清晰显示出全球变暖或难民危机状况的设备，然后我们只需指着这台设备的屏幕，就可以表达毋庸置疑的真理，从而促使世人采取相应的紧急对策——但显然，这样的设备是不存在的。相反，我们实际上应该做的，是争取让全世界的特朗普们为他们脱离现实的论述承担责任，这里所说的现实就是：当前气候和难民问题带来的一系列纷扰，表明我们应当把这些问题包括到身体政治中来。我认为，就如同医学本体论一样，政治问题也有多种处理方式，但它们的数量终究是有限的。

第五章
CHAPTER 5

物导向本体论及其竞争对手

一个多世纪以来,西方哲学一直受到两个相互平行又极端不同的传统的支配,那就是英美哲学传统和欧洲大陆哲学传统,我们习惯上简称它们为"分析"哲学和"欧陆"哲学。当然,近来不乏学者主张这两种传统的差异"仅仅是社会学意义上"的假象——就仿佛社会现象与现实毫不相干似的——但分析/欧陆哲学间的鸿沟目前显然是存在的。这道鸿沟的一个具体表现就是:两个传统各自的追随者往往不会阅读对方传统中主要哲学家的著作,更有甚者,不少人甚至对另一个传统中的一些重要人物全无耳闻。尽管 OOO 有着显著的跨学科特征,但它最初是从哲学学科发端的,更确切地说,它起源于欧陆哲学的传统。但这也意味着,就如同几乎所有现代欧陆哲学思潮一样,OOO 并不在大多数分析哲学家的考虑范围之内,它不是被完全忽视,就是被认为不值一提。[1]

不过,作为 OOO 的发源地,欧陆哲学传统对 OOO 的态度也不算特别友善。其中一个主要原因在于,在实在论和反实在论的问题上,欧陆哲学通常采取的是不可知论的态度,与此相反,OOO则坚定地站在实在论的立场,因此在欧陆哲学读者眼中,OOO就不免带上了几分旧时代哲学的压迫色彩。[2] 此外,尽管自二十世纪八十年代以来,法国先锋派哲学家就占据了欧陆哲学大部分最前沿的领域,但OOO近年来最重要的思想家、法国人拉图尔的著作在欧陆哲学界却是读者寥寥,尽管他在社会学和人类学领域有着可观的影响。至于那些没有完全忽视OOO的欧陆哲学主流批评家,他们有时宣称,OOO的见解实际上是从欧陆哲学重要思想家那里获得的舶来品。例如,德里达专家彼得·格拉顿(Peter Gratton)甚至宣称OOO患上了一种源自雅克·德里达本人的"影响焦虑症"![3] 有鉴于此,本章的目的就在于阐明OOO与德里达和福柯这两位法国思想家在论述上的差异,他们是近三四十年来最有影响的学者。至于巴迪欧、德勒兹和拉康等哲学家,他们的思想与OOO或许有更多共同之处,我在此暂且不拟单独论述了。

雅克·德里达

在过去的一个多世纪里,大概没有几位哲学家会比德里达更富争议性了,他是所谓"后现代"时期最有代表性的人物。德里达那离经叛道的写作风格与奇特的个人魅力,使许多观察者得出了错误的印象,甚至认为他是假充内行的学术骗子。这种负面态度的一个典型例子就是:1992年,剑桥大学打算授予德里达荣誉博士学位时,这个决定立即招致一些分析哲学家的公开反对,当然德里达最后还是得到了荣誉学位。[4] 虽然我从来不是德里达的拥趸(在OOO阵营中,大概只有蒂莫西·默顿受到了德里达思想的显著影响),但他断然不是假充内行的骗子。诚然,我本人未必觉得德里达的观点非常令人信服,而且它与我们所受的哲学训练也未必特别契合,但德里达的哲学毕竟是有说服力的。然而,近来有些论者试图证明OOO悄悄借用了德里达的思想,前面提到的格拉顿的观点就属于其中比较有敌意的看法。德里达的诋毁者不在少数,但在众多崇拜者眼中,德里达仍然是欧陆哲学传统里最深刻的思想家,对此我显然是无法认同的。正是出于这个原因,我打算在此阐明物导向的思潮与德里达思想传统之间的主要差异。

早在二十世纪六十年代中期,德里达就已凭借他的三部代表作在法国和美国学术界声名鹊起了。[5] 其中《论文字学》(*Of Grammatology*)一书迄今仍然是被援引次数最多的德里达著作。"文字学"(grammatology)指的是一种被倡导的"书写科学",德里达指出,这种科学的建立和影响要比他的著作早得多。在题为《柏拉图的药》(Plato's Pharmacy)的著名论文中,德里达对柏拉图的《斐德罗篇》这部哲学经典文本所作了非常有意思的诠释。[6]在《斐德罗篇》中，苏格拉底和斐德罗谈到了书写的发明。苏格拉底援引古埃及的神话，指出书写是一种"pharmakon"（药，也就是英文"pharmacy"一词的词根），在希腊语中，这个词同时有"毒药"和"解药"的含义。苏格拉底在此要表达的是：虽然书写的发明使得许多原先注定要消逝的信息保留了下来，但人们也因此对书写产生了依赖，从而损害了我们天然的记忆力。作为思想家，苏格拉底最独特的地方就是他从不把自己的哲学付诸文字，之所以如此，是因为苏格拉底担心自己的著作会被后世误解，因为他再也不能当面向读者一一解释。更普遍地说，苏格拉底似乎更倾向于哲学家本人的言说；相反，文字著作则仅仅是从本人的直接言说衍生出的形式。

正是在此，德里达把自己加入了谈话之中。他不认同苏格拉底的本人言语特权论，因为在德里达看来，对在场的崇拜正是整个西方理智传统最大的错误。德里达认为纯粹的在场是不存在的。我们永远无法确切地给出语词或文本的字面含义，因为对语词和文字的诠释总是伴随着各种可能的语境。苏格拉底担心文字作品会导致"误解"，但对德里达而言，任何书写或言说都无法避免误解；德里达把这种"误解"称为"撒播"（disseminations），它指的是意义不可预测而永不停息的扩散过程。德里达把"在场"和西方形而上学中所谓的逻各斯中心论（logocentrism）、语音中心论（phonocentrism），以及阳物逻各斯中心论（phallogocentrism）联系起来。虽然最后这个"阳物逻各斯中心论"概念往往招致不怀好意的嘲讽，但德里达借此想表达的是：与女性外生殖器的"缺乏"相对，男性生殖器往往被当作纯粹在场的终极例子。无论如何，可以毫不夸张地说：与"在场"的对抗占据了德里达的整个学术生涯。

那么我们的问题就在于，就"在场"的问题而言，德里达和OOO有着怎样的差异？在某种意义上，我们可以把OOO视作海德格尔哲学的发展，但有意思的是，德里达的思想也被不少人认为是海德格尔思想的发展（他们这么说并非没有理由）。数年前，我在一本关于海德格尔的导读式著作的开篇写道："每个杰出的思想家都有一个杰出的思想。对海德格尔而言，这个思想可以表述为：*存在不是在场*（being is not presence）。"德里达或许可以在这句话中看到自己的身影。我在书中接着写道："存在不是在场，因为存在是时间……"[7]这更是体现了德里达的观点，因为德里达往往会把时间作为逃避在场的方式。格拉顿在对OOO的批评中认为，OOO是一门静态的哲学，它无法面对时间性实在的先天之流。[8]然而所有这些看法都忽略了一个要点：对抗在场的方式至少有两种。而OOO和（正如我指出的）海德格尔所采取的路径正是其中一种，当然，即使海德格尔的解释受到了反驳，OOO采取的路径也还是可以成立的。这条路径就是指出：在场之所以失败，是因为它仅仅是对某个缺席的实在物的转译,这个实在物永远是以不同于其实在所是的面貌出现的。例如,即便当锤子损坏或我们盯着锤子看的时候,实在的锤子也不会在场,因为无论是"损坏"还是"盯着看"都免不了要与锤子建立某些关系,而锤子本身是不涉及任何关系的。简言之,OOO通过一种实在论的哲学策略克服了存在基于关系的在场,我们把这种在场称为感觉域(sensual realm)。格拉顿宣称OOO仅仅是对柏拉图哲学的复述,这个看法是毫无根据的:柏拉图的理形是另一个世界中永恒完美之物,而OOO的实在物则是处于这个世界中的、完全可损毁的东西。因此最适合拿来和OOO作比较的不是柏拉图,而是亚里士多德。

与此相反,德里达的思想与哲学实在论并无多少关联,实在论主张实在物独立于人的心灵而存在。当然,近来不乏有德里达专家声称他是个"实在论者",但需要指出的是,他们之所以提出这个主张,既不是因为他们对德里达思想的研究得出了惊人的发现,也不是为了反驳其他德里达专家的误读,而是因为他们要重新定义"实在论"这个概念,并把它的意思收得很窄,从而不再与德里达思想中那毫无保留的反实在论倾向相抵牾。直言不讳地说:这种恶劣的做法完全无助于推进问题背后的哲学争论,它不像学术研究,却更像是公关炒作。[9]因为显而易见的是,与OOO不同,德里达对在场的反抗并没有采取实在论的路径——他并未主张存在一种独立于思维、感知、实践行动乃至因果关系的实在物。事实上，德里达反对这种独立的存在和同一性，并认为它们仍然受到西方形而上学逻各斯中心论的束缚。根据德里达的主张，一切事物之所以都不在场，其真正的理由在于：我们永远无法确切地说明其具体的语境和特定的含义。为了以德里达的方式克服在场，我们不是像OOO主张的那样竖向地下探到那摆脱了一切关系的物自体王国；相反，我们要不断地横向滑移到无数其他的语境中去，因此事物自身不仅（像OOO中那样）从不会显现，而且永远不曾存在过。在哲学、文学批评、建筑学等深受德里达影响的领域中，这种路径构成了解构方法的根源。回顾前文中关于实在物和感觉物的讨论，我们可以看出：如果德里达会在他的哲学中为任何物留出空间的话（他是否会这么做已经很令人怀疑了），那么这些物必定会是感觉物而非实在物。因此在我看来，鉴于德里达像胡塞尔一样坚决反对物自体概念，而海德格尔并未完全采取这个立场，故而德里达与其说是海德格尔的继承者，毋宁说是胡塞尔的继承者。

德里达的思想与OOO的主要差异，或许最显著地体现在《论文字学》对隐喻的论述中。[*] 在这部如今已是经典的著作的第一部分末尾，德里达写道："因此名称，尤其是所谓

---

[*] 本书中《论文字学》引文的翻译，主要参考汪堂家教授的译文，略有改动。《论文字学》，[法]雅克·德里达著，汪堂家译，上海译文出版社，1999年。——译注

的专名，始终处于差别系列或差别系统中……隐喻塑造和损害着专名。在差别和隐喻系统之内，字面意义并不存在，它的'表现'是一种必要功能。"[10] 与 OOO 的观点相反，在德里达看来，万物都处于差别系列或差别系统中，这个体系构成了一个纯然内在却毫无深度的表面，除此之外不存在任何自主的实在物。德里达所说的"隐喻"指的是一切个体实在之间的相互污染；反过来，他告诉我们：名称的"字面"（或"真正"）含义本该能够直接带给我们那种不与任何其他东西相纠缠的事物。然而，根据德里达的理论，这恰恰是不可能的，因为他的本体论排除了任何事物孤立存在的可能性。由此，德里达得出结论说：一切名称——甚至一切语词——都是隐喻的而非字面的。而正如本书第二章所示，OOO 关于隐喻和字面的论述与德里达截然不同。我们当然同意德里达关于无法直接通达物自体的观点，但之所以如此，并不是因为物自体不存在。在我们看来，隐喻和字面之间的区别是：在隐喻的情形中，物与它们的性质之间的联结是被切断的；而在字面的情形中，物则被宽泛地或明确地等同于它们的性质。根据 OOO 的观点，隐喻恰恰不属于差异体系的表面，这种表面会嘲笑一切主张事物具有隐藏深度的想法；相反，隐喻恰恰为我们指示着事物的深度，尽管我们事实上永远无法直接面对这种深度。德里达完全否认字面语言和隐喻语言之间有任何区别（因为他甚至否认前者的存在），由此导致的一个重要后果就是:他没能提供任何考察这种区别的工具。例如,在德里达的立场看来,"酒暗色的海"和"暗紫色的海"这两个短语没有类的区别,而OOO则认为两者的区别是非常显著的。换句话说,可以认为德里达在试图取消OOO四重结构中的一个轴时,却完全忽视了另一个轴(不过,由于德里达已于2004年去世,他很可能从未听说过OOO)。也就是说,一方面,德里达试图用有差异的感觉性质的集合来取消实在物;另一方面,他却完全忽视了作为物和作为性质的事物之间的区别,而正是这种区别才使真正的隐喻得以可能。

贯穿德里达的《论文字学》一书(我不愿矫揉造作地把德里达写的东西都叫作"文本"),我们可以发现其中多处体现出一种典型的欧陆哲学倾向,这就是对实在论极不容忍的态度。例如,他指责路易·叶尔姆斯列夫(Louis Hjelmslev, 1899—1965)和他的哥本哈根语言学派,认为他们是"幼稚的客观主义"。[11] 这里的"幼稚",指的无非是这样一种信念:个别的物存在于人的心灵之外,或者至少存在于德里达所谓的"世界的游戏"之外。[12] 因为尽管叶尔姆斯列夫发现了语言中物的体系的"内在性",从而使语言学获得了"根本性的进步",但他仍然"受到了科学客观主义的损害,也就是受到了另一种未发觉或未承认的形而上学的损害"。[13] 德里达的这个说法不仅无礼,而且也很不准确。他的无礼表现在"幼稚"这个词上,就仿佛世界上每个实在论者都是先天容易受骗的。

实际上德里达不会允许任何不幼稚的客观主义存在。他的不准确则体现在"科学"一词中，因为除了自然科学之外，基于实在论的物论述显然还可以采取其他路径，实际上，我在本书第一章就批评过那种过于"字面"的物论述。在德里达看来，每个存在物都直接指称着其他存在物："自从意义出现的那一刻起，符号就成了唯一存在的东西。我们只在符号中思考。"[14] 在此，德里达非常草率地把"我们只在符号中思考"等同于"符号是唯一存在的东西"，就仿佛存在和思考处于同一个领域似的。他为此诉诸美国符号学家 C. S. 皮尔士的权威，因为皮尔士"在我们所说的先验所指的解构方面走得太远……它会彻底结束符号对符号的指称关系。"也就是说，皮尔士不认为当符号的系列最终停止的时候，被符号指称的东西就会直接与我们照面："因此，并不存在那种对符号或指代者进行还原，从而使所指物最终在其显现的光辉中闪烁的现象性。"[15] 简言之，德里达论证的思路就是：既然我们永远无法获得那在"显现的光辉"中闪烁的最终事物，因此万事万物就都是符号了。在此，德里达完全没考虑 OOO 提供的那个选项，即：符号的确有最终的所指，但这种所指的本质恰恰就是不在场。猫狗或者树木永远不可能在完全的意义上在场，但这并不意味着我们面对的就是世界的表面（感觉上的猫狗、树木和其他东西就在这表面上彼此交织在一起）。相反，在 OOO 看来，唤起所指的不是特定的属性，而是专名，专名指称着比一切表面属性都更深刻的东西：例如，在《命名与必然性》(*Naming and Necessity*)中，索尔·克里普克（Saul Kripke）就认为名称是刚性指示词（rigid designator）；而胡塞尔在《逻辑研究》中也有关于"名称行为"（nominal acts）的论述。

某物被符号所指的同时，它自己不必是指向其他东西的符号，但德里达反对这个观点，他甚至不认同个别的物的概念。如前所述，在德里达看来，世界是一个由能指组成的整体网络，"像所有能指那样，这种网络在（不妨说）向所有可能的赋义活动开放的'完整'（total）系统中，把它与其他书写能指或口头能指联系起来"。[16] 在此，我们要特别留意德里达在"完整"一词上所使用的引号，就如同他在其他场合使用引号的情况一样，德里达的确认为万事万物都隶属于一个完整的感觉系统，因此我们不能允许他通过和自己说过的话做切割的方式来逃避应承担的后果。此外我们同样要留意的是，德里达在此用了"不妨说"（let us say）这个修饰语，就仿佛他只是初步尝试性地认为所有可能的感觉都属于一个整体网络，但实际上，德里达的这个主张是坚定而直率的。德里达不仅反对存在孤立的个别实体，他也反对语词是语言的基本单元。德里达不认为"书写和言说的语词是原子式的统一体"，相反，他将其视作"构造出来"的统一体，这意味着语词并非自然地呈现在世界中。德里达向来认为书写在哲学上比言语更有意思，书写在语音形式上别无选择，而只能"必然运用既有的意指单元以及它尚未介入的结构"。[17] 但这并不意味着德里达认为语词是真正的先在单元："事物本身或是事物的集合，或是差别的系列……"[18]

最后，我打算谈谈德里达对海德格尔那个严重的误读，后者的哲学是 OOO 最初的思想来源之一。[19] 德里达的这种误读在《论文字学》一书的开始部分就体现出来了，他很不准确地写道："海德格尔坚持认为，存在只有通过逻各斯才能形成历史，并且根本不处于逻各斯之外……所有这些清楚地表明，从根本上讲，没有任何东西可以脱离能指的运动，能指与所指的区分最终都会消亡。"[20] 简单地说，德里达认为海德格尔的想法是：存在仅仅是其在历史过程中向人之存在（此在）所显现的各种方式。诚然，这种诠释的确符合德里达反对"幼稚客观主义"的纲领，但它与海德格尔的本意相去甚远，在海德格尔看来，存在恰恰是那绝对要从与人和其他事物的所有关系中退离的东西。总之，德里达对实在论的敌意是如此地强烈，以至于他忽视了海德格尔哲学中多处体现出的实在论倾向。此外，德里达还批评了所谓的"专属形而上学"，根据这种形而上学，事物连同其属性独立存在于能指的整体网络之外。为论证起见，不妨假定德里达关于每个语词都没有专属的意义这个观点是正确的，因此每个语词就都纠缠在另一些能指的系列中。但即便如此，这也不意味着任何事物都没有其专属的存在，就仿佛实在本身仅仅是一个整体网络似的。OOO的看法与之截然相反：即便我们同意语言是无法自然分解为各部分的连续体，但我们仍然没有理由认为实在本身具有"熔岩灯"似的结构（借用蒂莫西·默顿的表述）。

现在让我们对德里达与OOO之间的差异作一番小结。德里达是个反实在论的整体主义者，他认为一切语言都是隐喻；OOO则是一种反整体主义的实在论，在OOO看来，字面和隐喻之间的区别是哲学乃至其他一切领域中最关键的对立之一。德里达专家们当然可以如其所愿地赞颂德里达的思想遗产，但他们不能说德里达的思想是OOO的先声，因为两者几乎没有什么共同点。德里达在行文中总是避免清晰陈述自己的立场，并且对此采取一种随遇而安的态度。而他的追随者们则加剧了模棱两可的状况，他们往往试图装作德里达同时阐述了某个观点的正反两面，以此来消弭和内化任何批评意见，就好像德里达早已事先考虑到了可能的批评一样。而在我看来，在德里达去世后的二十年间，像齐泽克和巴迪欧这样直言不讳的哲学家之所以能成为欧陆哲学的顶尖人物，与其说是因为人们渴望那种被压制的政治左派的激进立场，毋宁说是因为人们对上述那种不幸局面产生了厌倦。

米歇尔·福柯

无论我们对福柯的著作有怎样的看法,他都是过去半个世纪里当之无愧的最有影响的哲学家,尽管福柯在60岁时就去世了,但他的思想几乎影响到了所有的人文学科。福柯那些最受欢迎的著作,大都是对现代社会各机构历史演变的案例研究,例如:《临床医学的诞生》(*The Birth of the Clinic*)、《疯癫与文明》(*History of Madness*)、《规训与惩罚》(*Discipline and Punish*)以及未完成的多卷本《性史》(*History of Sexuality*)等。除了这类作品,福柯还有一些更概括性、也更技术化的著作,例如《词与物》(*The Order of Things*)和《知识考古学》(*The Archaeology of Knowledge*)等。不过我认为,对于初学者来说,了解福柯的最好方式就是阅读福柯的访谈录,与前面那些著作相比,福柯在这些访谈中更清晰地展现了他思想上的机智和敏捷。我最喜欢的是一本题为《实况福柯》(*Foucault Live*)的访谈录,虽然这本名字滑稽的书厚达500余页,我却可以带着愉悦的心情在一天之内读完它。不过,说起假装自己是纯粹社会科学家的法国哲学家,我偏爱的始终是拉图尔而非福柯,而且我觉得整个思想界在不久的将来都会赞同我的看法。之所以如此,是因为拉图尔不仅探讨人的领域,而且远比福柯更有能力处理无生命实在物的问题。虽然福柯往往被视作"唯物主义者",并且他的新历史主义学派开启了学界关于"物质文化"的研究,但福柯对于非人类实体的研究仅仅是为其真正的思想纲领服务的,这个纲领就是人之主体的历史主义。拉图尔把自己称为"非现代"思想家,而福柯则显然是位现代主义思想家("后现代"本身就是另一种形式的现代主义)。因此与福柯的著作相比,OOO对拉图尔的行动者-网络理论更感兴趣。不过,在深受福柯影响的那些独特的唯物主义者看来,福柯在OOO之前就展开了对非人类世界的讨论。在此,我要表明这种说法是错误的,而且OOO和福柯的思想之间也并没有多少关联。

我们完全可以花费一整本书的篇幅来从OOO的立场讨论福柯思想,不过由于篇幅所限,我们在此不妨集中谈谈《知识考古学》的第一章。* 福柯在那里明确提出了他的本体论原则,尽管他表面上的话题是"话语"而非实在。与德里达很相似,福柯对于"统一体"的概念持怀疑态度,这个概念往往体现在最宽泛意义上的物导向的哲学中:例如,它不仅体现在OOO中,而且也体现在莱布尼茨的单子和亚里士多德的第一实体中。在提到思想物时,福柯认为"必须首先悬置的统一体就是那些以最直接的方式让人接受的,也就是书籍和作品的统一体"。[21] 尽管书籍似乎是最显而易见的一类统一的

---

* 本书出现的《知识考古学》引文的翻译,主要参考董树宝的译本,略有改动。《知识考古学》,[法]米歇尔·福柯著,董树宝译,生活·读书·新知三联书店,2021年第4版。——译注

物，但福柯反对这种统一体，因为"它们陷入一个参照其他书籍、其他文本和其他句子的系统中——书就是网络中的结"。[22]一旦其统一性受到了质疑,"它便会失去其自明性，它只有基于复杂的话语范围才会显示自身、建构自身"。[23]著名作家的作品乃至全集也是一样，例如："在尼采这名字和尼采青年时代的自传体作品、学校论文、语文学文章、《查拉图斯特拉如是说》《瞧，这个人》、书信、以'狄俄尼索斯'或'尼采大帝'署名的最后一批明信片、洗衣店账单和格言草稿混杂在一起的无数小本子之间，并没有同样的关联。"[24]福柯认为这些统一体"不是与生俱来的，它们永远是建构的结果，关键要知道建构的规则，并对建构的辩解进行检验……"[25]

尽管福柯的上述论证使不少人信服，但从 OOO 的立场看来，他的推理看起来是比较牵强的。为了维护尼采全集的完备性，我们或许会同意把尼采一生中写过的所有东西都收入全集。当然即便如此，福柯还是有理由指出：这并不意味着全集中所有的作品都享有同样的地位。关于尼采的哪些作品能代表其整个的哲学生涯，哪些作品能代表他的成熟期，诸如此类的分期问题，研究尼采的学者一般会达成某种程度的共识。当然，我们也会有达不成共识的时候。例如，长期以来，许多海德格尔研究者一直不愿严肃看待海德格尔 1933 年那篇题为《德国大学之自我主张》的亲纳粹演讲，他们认为那不过是一篇不幸而令人尴尬的政治表态。但德里达却不这么认为，在受人瞩目的《论精神》(*Of Spirit*)一书中，德里达认为这篇演讲是体现海德格尔思想的重要作品。关于荷马、维吉尔或莎士比亚等作品的最佳版本问题，学界总是聚讼纷纭；而大文豪或大思想家的文集里究竟要收入哪些著作，也一直是纷争不断的问题。由于这些现象无可否认是存在的，故而福柯很快就得出结论认为：这类决定都是"建构"出来的，换言之，它们不是来自研究的物本身，而是人群建构的产物。然而，这个结论给物设置了过高的标准，同时却把人的主体的标准定得太低了。因为一方面，毫无疑问，倘若没有人的劳动，任何书籍就都不可能存在。因此，为了合理地编订柏拉图对话集、莎士比亚戏剧集或者《海德格尔全集》，[26] 我们离不开某种程度的学术劳动和判断。尤其是考虑到柏拉图对话有如此众多的挂名伪托之作，而海德格尔潦草的字迹也成为编订的一大难题，可见这类文集的编纂必定需要相当程度的智力劳动。诚然，一旦我们能够对柏拉图的作品做出适当的选择，那么一件作品出自柏拉图之手的这个事实就不再是最重要的标准了，但这并不意味着柏拉图著作不具备统一性。学者们的"建构"既不是任意武断的，也不是全然由他们个人决定的，相反，这种建构是通过对柏拉图真正文本的仔细考察而达成的。我们不可能最终知道哪些文本真正出自柏拉图之手，但这并不意味着柏拉图著作全集是不存在的，这就如同虽然我们不可能知道一个苹果的所有特征，但这并不意味着这个苹果是由人的习惯所建构起来的。

我批评的这个观点并非无关紧要,相反,它构成了福柯整个思想生涯的基础。在斩钉截铁地宣称"不会深入到这些可疑的统一性内部"之后,福柯又充满热情地指出:通过这种方式,"整个领域就被解放了"。[27]"这是一个宽广的,然而又是一个可确定的领域:它是由所有实际的(无论它们是口头的还是书写的)陈述的集合构成,发生在这些陈述作为事件的弥散和每种陈述特有的层级之中。"[28] 换言之,福柯给出的并不是物导向本体论,而恰恰是那个呼声最高的 OOO 替代方案,即:事件导向的本体论。福柯接着写道:"在有把握地接触一门科学或者小说、政治演讲、某作者的作品,甚至是任何一本书之前,我们要探讨的原始中性材料,便是一般话语空间中的众多事件。"[29] 事件绝非不确定的,它总是由一个完全确定的关系集合构成。例如,倘若我们决定把古巴革命视作一个事件而非物,那就意味着我们要关注的是其中发生的所有具体的行动,而不是任何被假想为比这些行动更深的东西。正是出于这个原因,福柯敦促我们不要试图"在陈述本身之外去重新发现言说主体的意图、他的意识活动、他要表达的意思,又或者那不由自主地出现在他说出的东西中或出现在他明显的言语中几乎不可感知的裂缝之中的无意识活动……"[30] 相反,"人们不用在明显的内容下面探寻另一种话语若隐若现的闲言碎语……"[31] 也就是说在某些情形下,最天才的方法其实就是仅仅关注实际上做出的陈述和实际上发生的事情,从而避免对历史事件的真正意图或深层驱动力之类的东西做任何的思辨。就如同行动者-网络理论(通过仅仅关注行动)为我们提供了解释万事万物的强有力工具一样(从路易·巴斯德的生涯到巴黎全自动地铁系统项目的失败),[32]这样的决策也可能会为我们带来强有力的洞见。但方法是知识的一种形式,因此就其本身而言,它们要么是向上还原法(例如福柯和拉图尔),要么是向下还原法(例如丹尼特偏好精确的化学式,而非诗意的品酒)。与此相对,哲学则是反知识和反方法的,就其本身而言,哲学必定反对任何把研究实在的有用方法混同为实在本身的做法。在这一点上,当福柯告诉我们"陈述始终是无论语言还是意义都不能完全使之枯竭的事件",[33] 他就已经错了。实际情形恰恰与此相反。一旦某个东西被定义成事件,它就已经被定义成不同实体间的一系列非常具体的关系了,因此我们就已经通过将其还原为一系列确定的特征而穷尽了这个事物。历史学家和其他言说者自然可以从无数的视角出发来探索这个事件,但这并不意味着该事件本身是不可穷尽的,因为只有那比一切关系都更深刻的物才是真正不可穷尽的,而 OOO 的主要优势就在于坚持了这个观点。

这并不是说福柯的著作是不重要的。在实践方面,福柯展现出了非同寻常的天赋,他能揭下表面上的历史统一体的虚假伪装。在他的经典著作《疯癫与文明》中,福柯出色地向人们证明：不存在名为"疯癫"的统一物，因此，"如果我们要发现疯癫的存在本身、隐秘内涵、缄默和自身封闭的真相……那么我们肯定就弄错了"。[34] 福柯不认为物是被事前给予的单位，在他看来，物是由人的话语构成的。无可否认，哲学是通过哲学话语产生和发展起来的，我们也可以根据社会学的见解来对社会进行重新设计，而精神分析的病人也常常发现自己开始做弗洛伊德式或拉康式的梦。然而福柯的问题在于，他把所有的工作都推到了人的这一边，因为他认为"[物]随着时间的流逝出现非-同一性"，而且"悬置它们持久性的内在的非连续性"。[35] 福柯甚至宣称动词/名词的区分是"古典语法理论"的人为创造，需要注意的是，在二十世纪六十年代的法国哲学家看来，"古典"简直可算是最具毁灭性的形容词了。[36] 对于医学、经济学或语法学这样的学科，福柯不认为它们是由"满实的、紧凑的、连续的和地理意义上被充分划分的对象"组成的统一体。[37] 因为"话语完全不同于这样的场合，即之前被创建的对象像纸面上的词语一样逐一堆叠"。[38] 关于语词，福柯谨慎地坚持认为：他并不是要从分析世界退回到分析语言。正如他表明的那样，在"我进行的这种分析中，词与物本身一样都是有意缺席……"[39] 的确，在福柯那里，"事件"比语词要更加广泛，不过事件显然不会比它们始终置身其中的那个关系网络更广泛。福柯对此作了富有诗意的表述："物不是在未成形的状态中等待那个解放它、使它在一种可见和多言的对象性中得以具体化的秩序……物存在于复杂的关系簇的实证条件之下。"[40] "保持不变的既不是物，也不是它们形成的领域……而是它们能够在其中出现、被划限、被分析和被规定的诸表面间的关系。"[41]

上述对于关系、网络和事件（作为统一体的物是从事件中派生出来的）的关注，使得福柯与行动者-网络理论家有几分相似，后者正致力于一个同样是向上还原的 ANT 纲领。但如前所述，ANT 在一个关键的点上要优于福柯。拉图尔一开始就遵循着"扁平本体论"，从而消弭了近现代哲学所执着的主客体区分。也正是因此，拉图尔才能以非现代思想家自居。回过头来看，怀特海也可以算是非现代思想家，因为他坚决不认为人对树的感知与风与树的互动之间有本质的区别。而在福柯那里，物被弱化到近乎完全消失的地步，"话语构成"则承担了所有的工作。不过我的这个评价并不是太重要，如果有福柯专家为此感到恼怒，我们大可以把这句话拿掉。其实更重要的问题在于：由于福柯的本体论并不是扁平的，因此他在很大程度上是位（在"后现代"的伪装之下的）现代思想家。福柯并不重视物，尤其不注重无生命的物。因此，随着无生命的物在哲学中的地位日益提高，我预计拉图尔有朝一日将会在某些方面取代福柯，成为人文社会科学参考与借鉴的标准：也就是说，他的理论会被那些从未读过其著作的人反复引用。

第六章
CHAPTER 6

物导向本体论的不同路径

二十世纪九十年代末,我突发奇想,造出了"物导向的哲学"一词来称呼自己的论著,并在1999年9月的一次会议报告上首次使用了这个名称。[1]此后过了差不多十年,学界才开始陆续使用这个标签,并用类似的术语称呼自己的著述。2009年夏,列维·布莱恩特首先提出了"物导向本体论"(OOO)的说法,并将其作为一个广义概念来泛指各种不同的"物导向"的思想,这些思想往往有着与我不同的特点。最初,OOO仅仅指的是布莱恩特、伊恩·博格斯特以及我本人的论述;次年,原先对OOO持怀疑态度的著名生态作家蒂莫西·默顿也加入了我们的阵营。[2]于是我们四人就构成了物导向本体论最早的核心团体,时至今日,当各个学术领域提及OOO时,我们四人的名字也还是常常被列在一起。在这一章里,我打算对博格斯特、布莱恩特和默顿的思想作一番简要的阐述。接着我还计划谈谈两位"外来者"——美国人简·贝内特和法国人特里斯坦·加西亚,他们虽然不是

OOO的核心成员，却各自独立提出了与OOO相符合的观点。最后，我将介绍几位把OOO引入建筑学的关键人物，在哲学之外，建筑学是目前OOO最有影响力的领域。

伊恩·博格斯特

博格斯特（生于1976年）是佐治亚理工学院人文学院的伊凡·艾伦杰出讲席教授，他的专业领域是媒体研究，不过在学术研究之外，博格斯特还是著名的电子游戏设计师和评论家，同时也是《大西洋月刊》的专栏作家。他与OOO相关的主要著作有《单元操作》(*Unit Operations*)、《规劝式游戏》(*Persuasive Games*)、《外星人现象学》(*Alien Phenomenology*)，以及最新出版的《一切皆可玩》(*Play Anything*)。博格斯特精巧典雅的文风展现了他作为文学研究者的学术背景；但在他设计的社交网络游戏"Cow Clicker"（是对流行游戏Farmville的无情恶搞）和他的推特账号@ibogost上，博格斯特则是出了名的机智和毒舌。《单元操作》是博格斯特的处女作，他在此书中对"单元"概念的使用就和我所说的"物"或莱布尼茨的"单子"如出一辙。在那本颇有影响的《规劝式游戏》中，博格斯特集中讨论了"流程式修辞"的概念，这与OOO对一般意义上修辞的关注也是相符的。《外星人现象学》一书的副标题是"成为一个事物是怎样的"(What It's Like to Be a

Thing），这本书探讨了 OOO 的另一个关键问题，也就是哲学如何像看待人一样看待非人类实体。不过既然上面这几本书都已经被广泛地讨论过了，因此我在此就主要谈谈博格斯特的新书《一切皆可玩》。

在这本书的开头，博格斯特叙述了他作为父亲所碰到的一件趣味盎然的小事。当时他正急匆匆地拉着四岁的女儿穿过亚特兰大的一个购物中心，忽然他的手臂感受到了方向相反的拉力，因为女儿慢了下来："我低下头，发现了原因：她正盯着自己的鞋子，调整步伐，好让每一步都踩在白色方形地砖的正中。我所感受到的拉力是由女儿重心的变化导致的，因为当我拉着她一路辗转避开行人的时候，她正试图避免踩到地砖的砖缝。"[3] 从这件不起眼的小事出发，博格斯特用整本书的篇幅建立了一种类似 OOO 伦理学（或者至少类似 OOO 生活艺术）的理论。虽然他对当前无所不在的"游戏化"潮流感到失望（从在各个商家打卡签到的手机应用，到不计其数的购物积分卡），但这种把压迫式消费场景当作游戏的做法是引人深思的。[4] 博格斯特把自己的立场与已故小说家大卫·福斯特·华莱士（David Foster Wallace）的观点做了对比，后者告诫我们，面对日常生活中的阴暗和悲惨，要带有共情地看待那些在小事上使我们愤怒的人："超市的收银台前大排长龙，队伍中的每个人其实都和我一样烦躁和沮丧，……其中有些人的生活或许比我更加艰辛、沉闷和痛苦。"[5] 虽然华莱士的建议充满了善意，但博格斯特认为这样做只能使问题恶化："针对司空见惯的自私带来的疯狂，华莱士提出的替代方案其实是一种在精神上同样有毁灭性的、漫无边际的假设共情（hypothetical empathy）。他建议我们进一步撤退到自身中，但这使我们更难去真正接受超市收银台的那个女员工或是其他任何人了。"[6]

至此，我们看到了博格斯特游戏伦理学的主要框架。斯多葛派的哲学认为，我们应当无视不可控的外部世界当中流于表面的东西，而专注于我们自身对世界的态度；与此相反，博格斯特指出：摆脱痛苦乏味状态的方法不是专注自我，而是走出自我。现代哲学的各种流派往往试图净化人的意识，使其与世界分离开来，博格斯特则公然采取了一种非现代的立场（也是典型的OOO立场），更加严肃地对待世界。正如他所言："我们训练自己把投身（commitments）视作幌子，仅仅以反讽的姿态去追寻这种献身，为的是在无法克服恐惧时可以把投入抛到一边。恰恰是愚蠢预示着你走在了正确的路上。有些事物是我们无法改变的，它们反复无常、沉闷乏味，有时甚至为我们施加了残酷的限制，然而我们的快乐也恰恰来自我们倾注在这些事物上的注意和关心。"[7]这种限制也带着一抹谦卑，"因为它迫使我们不再如我所愿地看待事物，而是如其所是地对待它们"。[8]"对世界的这种无私的、几乎全心全意的投入，使我们感到满足，而在慷慨而非自私之帆的引领下,我们将做出新的发现,并将其作为战利品一一收获。"[9] 这与博格斯特所说的"自私的反讽狂"形成了鲜明的对比,他们认为,"由于世界永远无法满足我,因此我永远不会亲近它。"[10] 这种对万物的反讽态度,正是由近代哲学中思维和世界截然二分的局面所导致的,它没能认识到:我们必然地处于事物中间,而在任何时候,同它们打交道都不是无足轻重的。尽管博格斯特本人并没有使用这个例子,但我认为对这种倾向的一个绝佳讽刺,要算是《洋葱新闻》(*The Onion*)那篇题为《为什么没人看出我是在反讽地穿正装呢?》的伪社论,这篇社论的作者是名为诺亚·弗兰科维奇(Noah Frankovich)的虚构人物,据弗兰科维奇所述:他开始特地穿沉闷的商务正装,还拎了一只公事包去参加聚会,但聚会上的朋友们不但完全没有领会到笑点,还恼怒地说他是个"叛徒"。但弗兰科维奇还是坚持把这种反讽进行到底,为此他到一家律师事务所就职,还买了"超没品味的泰格豪雅"奢侈手表,每天和毫不反讽的通勤职工一起坐城际火车上下班。最后,弗兰科维奇的反讽是如此彻底,以至他把整个私生活也献给了反讽:"我甚至娶了一个愚蠢又喜欢购物的康涅狄格州小姑娘,然后反讽地生了两个孩子,他们活脱脱就像从五十年代读本中走出来的迪克和简(Dick and Jane)——我甚至把他们镶着银边的照片挂在了办公室里。但尽管我做了这一切,还是没人看出其中的笑点,除了我自己。"[11] 在某种意义上，博格斯特无非是想让我们避免成为弗兰科维奇这类人。问题不在于自我意识是没有价值的，因为那显然有价值；相反，问题的关键是，在后现代理论和流行文化的共同作用下，这种间离于自身观点甚至自身生活的反讽态度已经沦为可怜的陈词滥调了：它不再是解放的观念。如今，我们已经被博格斯特说的那种"反讽狂"（ironia，就像 paranoia 偏执狂）所吞没了，"反讽症"可以定义如下："如果说偏执狂是对他人的不信任，那么反讽狂就是对事物的不信任……反讽狂只是不断地借由反讽置身事外，不是去直接面对和协调真诚和蔑视之间的冲突，以便和因在两者间摇摆不定而错失的那个世界重新取得联系。"[12]

博格斯特认为真正的快乐不在我们自己之内，而是在世界之中。[13] 即便是方向盘这样简单的物，都不乏值得进一步探索的可能环节，而吉他之类的其他东西就更是如此了。[14] 现代主义把一切的自由都放在了与自然隔绝的、异化了的人类主体这边，而博格斯特的非现代主义路径则把生命的兴趣重又带回到事物本身。《游戏的人》（*Homo Ludens*）一书的作者、二十世纪重要的荷兰思想家约翰·赫伊津哈（Johan Huizinga）主张："从宗教、战争到政治，人的一切仪式和文化实践都是以游戏要素为基础的。"[15] 博格斯特在这方面最突出的贡献或许就在于，他指出游戏是顺从的而不是颠覆的，因为尽管当前的知识界往往对游戏的颠覆性推崇有加，但游戏其实只是另一种形式的反讽。[16] 用博格斯特的话说，把游戏视作颠覆就意味着："把游戏限制在评论或破坏活动的塑料保鲜膜之下，使其失去活力。"[17]

博格斯特此书最重要的见解出现在第五章："克制"（restraint）与"限制"（constraint）的区分。克制意味着以远离物污染的方式拒绝物。在博格斯特看来，克制是另一种形式的反讽，是把自身视作聪明地拒绝外部事物的人："或许一切克制行为实际上都是反讽行为，它是我们基础性的无聊状态的体现。无论是和某些东西保持距离，还是拒绝它或者丢弃它，这些举动都成了某种虚幻的副本，这些东西仿佛是一个鬼怪，唾弃它成了我们引以自豪的事。'你看，我一块蛋糕都没有吃哦。'"[18] 与此相反，当我们接受了自身情境中的局限，并试图在局限中做出新的行动时，我们就会采取"限制"的做法："创造性从来都无法从无拘无束的纯粹自由中产生，这是艺术家和设计师早就知道的道理。没有什么会比空白的画布和纸张更加令人不知所措了。"[19] 在康德那里，伦理学完全是在人类主体性领域之内展开的东西，因此外部物或外在后果都不是理论所要考虑的；而博格斯特的观点则与舍勒更加接近，如前所述，在舍勒看来，伦理学不是主体和世界隔绝的产物，而恰恰是主体带着激情与世界打交道的结果。

列维·布莱恩特

布莱恩特(生于 1974 年)是柯林学院的教师,该学院位于得克萨斯州达拉斯市郊的弗利斯克(Frisco)。他是位多产的网络博客写手,在我看来,布莱恩特那个名为"幼体主题"(Larval Subjects)的博客是迄今为止最严肃讨论哲学的网站。[20] 与此同时,布莱恩特还是《思辨的转向》(*The Speculative Turn*)一书的策划者和主编,这本书可以说是二十一世纪初最有影响力的欧陆哲学论文选集。在加入 OOO 阵营之前,布莱恩特那本研究德勒兹哲学的处女作《差异和所与性》(*Difference and Givenness*)就已备受好评了。在他接受物导向本体论思想之后的初期作品中,最著名的当然就是《物的民主》(*Democracy of Objects*)一书。虽然布莱恩特近年来宣称已经与 OOO 保持距离,并且多次援引了德勒兹的思想,但在他 2014 年的最新著作《本体论制图学》(*Onto-Cartography*)中,OOO 仍然是最重要的论题。布莱恩特那清晰而富有教育意味的写作风格是他成功的重要因素,此外,他博览群书的习惯也使其能够做出不同领域中的细节论述。

我在此打算集中谈谈《本体论制图学》一书,因为它是布莱恩特最新的著作,与《物的民主》相比,此书中评论的成分要少得多。布莱恩特在书中主张部分地放弃 OOO 原则,并转而采取他所说的"机器导向的本体论"。在某个意义上,这似乎意味着他又重新回到了德勒兹思想的根源，因为德勒兹和加塔利（Guattari）经常有"欲望机器"等等的说法。[21]然而布莱恩特对OOO中"物"这个字眼提出了批评，他主要的保留意见在于：物通常是相对于人类主体而言的，因此"物导向本体论"这个说法必定永远会使人误解。不过我们注意到，布莱恩特在把机器分成六大类的时候，其中四类的名称中都出现了"物"一词。[22]除此之外，"机器"这个词所背负的历史包袱几乎和"物"一样沉重，布莱恩特在书中不吝花费十几页篇幅来澄清对于"机器"可能的误解，这本身就表明他意识到了这一点。[23]布莱恩特之所以喜欢"机器"这个词，最重要的原因在于：它暗示了一种由（可以无穷追溯的）不同层级的"子机器"（sub-machine）构成的复合实体。布莱恩特还颇费了一番心思，澄清了书中的"机器"并不意味着某种可自动实现预计后果的机器人机制（而"物"概念就不会带来这种麻烦）。总而言之，布莱恩特用"机器"这个新术语强调的是行动以及后果。与此相呼应，布莱恩特认为机器做什么比它是什么更加重要，不过在我看来，这个主张像是某种"向上还原"，也就是试图把事物向上还原到它们明确的表象或后果那里。

尽管如此，《本体论制图学》的重要理论工作在于，它区分了六种不同类型的物：暗物、亮物、卫星、微光物（dim objects）、叛逆物（rogue objects）以及黑洞。我们也可以说它们是某物在不同时候可能扮演的六种角色："机器可以从模糊物变为亮物。机器 A 对机器 B 而言可以是黑洞，但对机器 C 而言，机器 A 则可能是卫星。"[24] 在此——正如面对任何类型学一样——我们首先要做的就是把布莱恩特那里的六种物的关系角色整合成一个合理的结构，尽管他在书中已经很好地完成了这个任务，因此我也没有多少要补充的内容。首先，我们可以按照影响力由弱到强的顺序，得到一个连续的机器序列，它们依次是：暗物、微光物、亮物、黑洞。需要指出的是，布莱恩特所说的"黑洞"实际上比亮物更明亮，因为"明亮"这个隐喻是就影响力而非可见度而言的。一个全然的暗物不会给任何其他事物造成影响，也正是因此，拉图尔会对这类物存在与否持怀疑态度。布莱恩特这里所说暗物其实就是我书中提到的"休眠"物，这种物的存在虽然有可能影响其他事物，但它尚未造成任何实际的影响。[25] 关于暗物存在与否的问题，布莱恩特并不急于下判断，"因为即便暗物存在，它们与其他机器也完全无关——更重要的是，它们和我们完全无关——因此我们也就无法知道它们究竟是否存在。"[26] 不过，布莱恩特倒是指出了相对暗物的存在，他给出的例子是只有鸟儿才能感知到的磁场，而且死海古卷在被发现之前也是相对意义上的暗物。

微光物指的是那些几乎不会在其他事物上留下痕迹的实体，例如在大多数政治语境中，无家可归者都是人微言轻的，如果不采取措施确保他们的发言权的话，许多残疾人的存在也会被忽视。布莱恩特巧妙地把这些物和法国当代著名思想家的术语联系了起来：例如雅克·朗西埃（Jacques Rancière）的无产阶级或"没有部分的部分"，又如巴迪欧关于物"只是微弱地呈现"的说法。[27] 作为OOO阵营中思想最为左倾的成员，布莱恩特认为：政治的主要任务应当是让此前的微光对象能够发声：例如奴隶解放、女性选举权、LGBTQ权利*等等。与此相反，亮物是那些非常强有力的事物，它们是如此强大，以至部分甚至整个人类的生活都不得不根据它们进行组织：例如，太阳是一切地球生命的亮物，石油是一切当代人的亮物，父母是孩子的亮物，稻米是亚洲农民的亮物，大学行政部门是教授的亮物，最高法院则通常是美国总统的亮物。卫星是依赖于亮物的东西，布莱恩特用儿童作了生动的类比："孩子总是被纠缠在家长的欲求、遗憾、神经质、信念、执着、价值、怪癖等所构成的网中。"[28] 比亮物更有影响力的是黑洞，它是亮物中最为悲惨地明亮的，黑洞的引力是如此强大，以至于任何事物都无法从中逃脱，黑洞的例子有：绝症、事故后的全身瘫痪，或者卡夫卡式法律体系中的监狱。用布莱恩特的话说，"我们只能期盼黑洞是罕见现象。"[29]

---

* 女同性恋者（Lesbian）、男同性恋者（Gay）、双性恋者（Bisexual）、跨性别者（Transgender），以及对其性别认同感到疑惑的人（Queer, Questioning），"LGBTQ"一词除了狭义地指同性恋、双性恋或跨性别族群，也可泛指所有非异性恋者。——译者

叛逆物是布莱恩特分类清单中的最后一种机器，这些物突然凭空出现，并一下子打乱了现有的世界。如果说布莱恩特的"微弱物"明显体现了朗西埃的政治学思想，那么他的"叛逆物"概念则与巴迪欧的政治理论有着更显著的联系：显然，巴迪欧那里著名的事件概念就属于这种来自外部并彻底颠覆了整个世界的东西。不过布莱恩特正确地指出，由于巴迪欧把事件的类型限制在四种：艺术、政治、爱情和科学，因此巴迪欧有意地把自然灾难、发现新大陆、外星人来临等等都排除在事件之外，因为它们都与人类主体对艺术、政治、爱情和科学中的革命性变故的态度无关。因此，尽管巴迪欧坚持认为：并非所有的人类个体都是主体，同时并非所有主体都是人类个体，但他后面这个观点无非意味着集体的人也可以是一个主体。也就是说，巴迪欧从不认为事件会包括无生命的行动者，由于布莱恩特反对现代主义者贬低人的领域之外一切事物的重要性，因此在这个意义上，他可以算是OOO阵营的成员。

蒂莫西·默顿

默顿（生于1968年）是伦敦人，目前担任休斯顿莱斯大学英国文学专业的瑞塔·希亚·古费讲席教授。在加入OOO阵营之前，默顿已经是颇有名气的公众人物了。默顿最初是研究英国浪漫主义文学的专家，但他后来的研究旨趣发生了很大改变，并相继写了两本开创性的生态主题著作《无自然的生态学》(*Ecology without Nature*)和《生态思想》(*The Ecological Thought*)。在书中，默顿显示出创造新术语的优异才能：无论是"网眼"(mesh)、"奇怪的陌生人"(the strange stranger)，还是"超物"(hyperobjects)，这些概念都给人留下了深刻的印象。其中"超物"一词是他2013年那本畅销书的书名。这个概念指那种占据着广大时空区域的物，这些物是如此庞大，以至人类无法以任何互动的方式和它们打交道。例如放射性废料、塑料垃圾或全球变暖，这些事物的影响范围之大已经超出了我们的想象。同样在2013年，默顿出版了另一本富有争议的著作《实在论的魔术》(*Realist Magic*)，此书引发争议的地方主要在于，默顿主张物理因果关系本身具有形而上学结构，这也是对OOO强有力的辩护。2016年，默顿出版了备受期待的《黑暗生态学》(*Dark Ecology*)一书，这本书是以他几年前在加州大学尔湾分校所作的威莱克系列讲座为基础的。此外，默顿还积极投身于全球各地的访问和演讲活动，因其在生态论题上富有实效性的工作，默顿正日益受到各界的关注。

如前所述，布莱恩特提出了机器对象通过相互关系能够承担的六大类角色，现在让我们看看默顿在其代表作《超物》中的分类法。默顿在此书的第一页就给出了"超物"的定义：

在《生态思想》中，我创造了**超物**这个概念，用来指那些占据着比人类庞大得多的时空区域的物。超物可以是黑洞，也可以是佛罗里达大沼泽地；可以是地球的生物圈，也可以是整个太阳系；可以是地球上一切核材料的总和，也可以是钚或铀的总和；超物可以是诸如泡沫塑料或塑料袋之类人类长时期生产的直接产物，也可以是正在运转中的资本主义机器的总和。因此，超物的"超级"体现在它们与其他实体的关系上，无论它们是否直接由人类生产。[30]

在此书的结尾，默顿得出结论说：鉴于我们当前的环境危机，在某种意义上，每个物都是超物。[31]他这样写道："非人类的存在物决定着人类历史和思想的下一个时刻……事实上，超物早已经在此了，我们迟早会慢慢领会它们已经对我们所说的。它们已经和我们联络。"[32]现代主义或是把思想与世界隔离开来，或是通过乏味或是反讽的超越方法，把思想置于世界的上方，默顿和博格斯特一样反对这种现代主义态度。用默顿的话说，"如果不存在元语言，那么这种犬儒主义的距离——也就是在左翼阵营中占据支配地位的意识形态模式——就会岌岌可危，它将无法适应超物的时代。"[33]为了适应超物的时代，默顿提出了超物的五个特征：粘性、非局部性、时间性波动，相位，以及物间性（interobjectivity）。他对这些性质作了如下总结：

> 超物有许多共同属性。它们是有**粘性**的，这意味着它们能够"粘在"所涉及的存在物上。它们**不是局部**的，也就是说，某个超物的任何"局部显现"本身都不是超物。超物的时间性比我们熟知的人类尺度的物深刻得多[**时间性波动**]……超物占据着一个高维的相位空间（phase space），这使其在某些时间段对人类是不可见的[**相位**]。此外，它们的后果是以**物间**（interobjective）的方式体现的；也就是说，它们位于由物审美属性间的相互关系所组成的空间之中。超物并不是我们知识的功能：它们具有**超级**相对性，也就是说，它们不仅是相对于人类而言的，而且也是相对于蠕虫、柠檬、紫外线……等等事物而言的。[34]

现在让我们逐一对这些特征作个简略的描述，这部分内容占据了默顿那本书的整个第一部分。

早在二十世纪四十年代，存在主义哲学家萨特就对粘性概念作了一番美妙的哲学论述，他把我们被黏稠的媒体吸收的局面比作"陷入并淹死在果酱里面的黄蜂"。[35] 近代哲学把人视作一种反讽式的先验存在物，构成人的材料与构成人所居于其中的世界的材料并不完全相同，而物的粘性所表明的与此恰恰相反："我们[并非]永远飘浮在外太空，而是被粘在了自身的现象学情境之中。"[36] 默顿指出：粘性事实上只是其最大可能强度的稀释版本，而这种最大可能强度就是死亡，正如他所言："某个事物的消解或死亡，意味着该事物的内部与其外部取得完美的一致。当超物足够广大时，一切存在物就都会处于某种形式的死亡之中，也正是因此，'六道轮回'的佛教唐卡才把六道众生都画在了（死亡之神）阎魔那长满獠牙的大口之中。"[37] 看到这里，善于思考的读者或许会反对说：粘性这个概念本身已经被很多人讨论过了，因此默顿和OOO在这方面并没有什么新意。因为明确论述这个主题的除了萨特还大有人在，例如，由于我们的心灵总是镶嵌在世界中，借由这个事实，许多现代哲学家都意识到自我和世界是以粘贴的方式纠缠在一起的。不过，持这种反对意见的人几乎总是忽视了OOO真正的原创之处，这就是："我们能够把这个洞见扩展到非人类实体。在某种意义上，一切物都被困在又黏又湿的东西里，因为即使当它们相互碰撞之时，它们从来也都无法在本体论上穷尽彼此。"[38] 在提及"现象学所谓的纯真（ingeniousness）或真诚（sincerity）的真理性"时，默顿援引了OOO中的一个至关重要的术语——尽管该术语会招致不少人的蔑视。[39] 和博格斯特一样，在默顿看来，任何人类或非人类行动者的真诚都源于这样一个事实，即：该行动者无可避免地被它此刻正在做的东西所包裹。这很像那位虚构出的"反讽"律师诺亚·弗兰科维奇,虽然他声称自己在以戏仿的方式工作,但他把一生都花在了做律师这个行当中。

接下来,让我们看看默顿所说的超对象的非局部性。默顿坦承这个观念来自自然科学:"非局部性是量子理论中的技术性术语。阿兰·阿斯佩克特(Alain Aspect)、爱因斯坦的学生戴维·波姆(David Bohm),以及安东·蔡林格(Anton Zeilinger)等已经证明,量子理论中的爱因斯坦-波多尔斯基-罗森[EPR]悖论是一个经验事实。"[40]这意味着两个粒子可以相互"纠缠",使得当向其中一个粒子发送消息时,另一个粒子会即刻以相反或互补的方式运动——即便当两者相隔十分遥远,甚至彼此无法通讯时也是如此。默顿接着写道:"根据通行的观点,这种状况本不应该发生才对,因为那会意味着信号传播的速度比光更快。[然而]蔡林格不仅用位于维亚纳城两端的纠缠粒子证明了这种非局部性,而且证明:当把纠缠粒子间的距离加大到加那利群岛的两个岛屿之间,甚至两个人造卫星之间时,这种状况仍然成立。"[41]除非我们想要质疑"光速是信息传递速度的上限"这个爱因斯坦公理,否则我们就不得不把非局部性作为这个世界的基本特征之一。默顿由此所得出的结论超出了当代科学的范围,他把非局部性与布莱恩特的本体论联系起来:没有一个广岛原子弹爆炸的幸存者经验过这一整个事件,他们经验的只是该事件的"局部显现"（local manifestations）。默顿把这个见解与他自己在《实在论魔术》中关于一般因果关系（特别是感知）的审美结构的论述相结合，从而指出："鸟儿[在导航时]感知的不是传统意义上的一堆物质，而是一个审美意义上的形状"，这种形状可以视作地球磁场的局部显现，无论就其本身还是作为整体，它都是不可把握的。[43] 默顿重又回到书中最重要的环保问题，他提醒我们，人类所经验到的地球气候系统也无非是局部显现而已："当你感觉到雨滴落在头上时，你就在某种程度上经验着气候……但你永远无法直接经验到全球变暖本身。"[44] 用更诗意的话说："当我寻找作为超物的油时，我是无法找到它的。油永远都只会是一滴滴、一滩滩的油，只会是流动的油、河面上的油……等等。"[45]

通过时间性波动概念，默顿对非局部性概念做了进一步阐发。因为超物存在的尺度非常大，我们很难（或者几乎不可能）感知到它们。默顿以荷兰艺术家弗利克斯·赫斯（Felix Hess）的音响艺术作品《气压波动》（*Air Pressure Fluctuations*）为例，对此作了生动的说明。赫斯在纽约录下了五天里的声音，然后以比正常速度快360倍的高速播放这些声音，从而营造了令人惊诧的效果："交通噪声听起来像小虫的鸣叫。我们还听到了周期性的嗡嗡声……那是由于大西洋海面空气压力的变化而形成的驻波。我听到了大西洋上空气的声音。"[46] 在此，一种此前无法听到的超物忽然可以被听到了。默顿认为第一个发现超物的人是中世纪的阿拉伯哲学家拉齐（al-Razi），因为拉齐正确地指出：当时许多被人视作永恒不朽的东西其实是被造物，因此它们也是会腐朽的。"拉齐写道，黄金、宝石和玻璃都是会解体的，只是它们解体的速度比蔬菜、水果和香料慢得多。"[47] 拉齐的话促使默顿得出了这样的见解，即：对任何东西而言，有限的极大量在某种程度上都比假定的无限量更具威胁性。因为"[超物的]巨大的时间尺度的确令人感到羞愧，它迫使我们意识到自己与大地是多么地接近。相反，无限就要容易处理得多，无限让我们意识到的是自己的认知能力……"在书中的同一页上，默顿接着写道："设想'永恒'在某种意义上要比设想有限但非常长的时间容易得多。'永恒'让你觉得自己很重要，而'十万年'则使你怀疑自己是否有能力想象十万个随便什么东西。"[48]

如前所述，默顿主张"超物占据着一个高维的相位空间，这使其在某些时间段对人类是不可见的"，[49] 借此他引入了相位概念。对此感兴趣的读者大概知道，曼努尔·德兰达在其2002年的《增强的科学与虚拟的哲学》（*Intensive Science and Virtual Philosophy*）一书中曾对相位空间的哲学作过清晰的阐述。尽管某地气象读数的数据总是能给出离散的气温和气压值，但一些模式（pattern）往往会涌现出来，这些模式表明：所有详细的读数其实都是被某些基础性的"吸引子"所支配的，这些吸引子比任何具体读数都更加深刻。最先发现这个现象的是混沌理论的先驱、美国气象学家爱德华·洛伦茨（Edward Norton Lorenz），洛伦茨最广为人知的观点就是"蝴蝶效应"——这源于他开玩笑说蝴蝶翅膀的轻微扇动可能最终导致飓风的形成。[50] 说到飓风，默顿作了如下论述："一个更高维的生物可能把全球变暖本身视作一个静态对象……这样的话，普通人就只能看到这个巨大的高维对象与我们的世界相交所形成的若干短暂片段。那摧毁了新奥尔良基础设施的飓风，就是这些片段之一，那炙烤着俄罗斯平原和美国中西部的干旱，则是其中另一个片段。"[51] 尽管"吸引子"（attractor）最初是个数学概念，但和我一样（而与巴迪欧和梅亚苏相反），默顿认为数学并不足以解释物的相位性："这并不意味着我要用某种温暖而模糊的东西来取代数学的'硬道理'……这个数学对象本身就是'温暖而模糊'的，它位于人之意义的这一边。"[52] 如果人的知性可以把握它，那无非是因为它还不够古怪，还无法充分体现出实在性而已："超物就像是表现主义绘画中那令人不安的小丑，他占据了整个画作的一切可用表面，无情而不怀好意地看着我们的世界……因此，与描绘相位流的冷酷数学图表相比，表现主义绘画、诗歌和音乐的这种精神病特质是表达超物的更有效方式。"[53] 在书中讨论相位性的章节末尾，默顿得出了一个我们或许最不能认同的哲学结论：他接受了哲学家格拉汉姆·普利斯特（Graham Priest）的主张，即真正的矛盾是的确存在的。这是我在自己的研究中不打算认同的。[54]

现在让我们谈谈超物的第五个也是最后一个特征：物间性（interobjectivity）。如前所述，近代哲学始于笛卡尔对思维和物质的两分。多年来，不乏种种"革命性"的思想主张思维和物质一开始就是彼此纠缠的；例如，许多人就认为"身体"概念可以作为近代哲学思维和物质这两个极端之间的中介。然而这些所谓的解决方案之所以一再出错，是因为它们忽视了OOO的核心论点，即：哲学必须也能够刻画没有人的场景中物之间的关系，而不是把这种关系的后果丢给科学去处理。在此，默顿巧妙地改造了哲学上被过度讨论的"主体间性"（intersubjectivity）概念："所谓'主体间性'，只不过是把非人类排除在外的物间性而已。"[55]默顿还援引了海德格尔的工具分析，从而引入他自己的"网眼"概念。海德格尔通过有意义的工具的体系来表明人总是被事物所萦绕，而默顿则给他的"网眼"加上了"物间"的意涵，使其完全脱离了人的因素，成为纯粹的物–物关系。[56]物无法被完美转译，这不仅仅（像康德认为的那样）是因为人的思想是有限的；还因为任何物之间其实也无法完美转译。默顿用他一贯的散文般的笔触写道："竹林是个巨大的风铃，它把风调制成了竹语（bambooese）。可以说，竹林无情地把风'竹形化'（bamboo-morphize）了，它把风转译为运动和声响。它是竹–风的深渊。"[57]

同路人：简·贝内特

贝内特（生于 1957 年）是约翰·霍普金斯大学巴尔的摩校区的政治科学教授。贝内特对 OOO 的关注始于她的第四本著作《颤动的物质》(*Vibrant Matter*)。在这本 2010 年出版的书中，贝内特强调非人类（包括无生命）物质的作用，从而对近代哲学的精神提出了反对意见。有批评意见认为，贝内特无非是把人的性质"拟人化地"投射到了非人类的实体上面，对此她反驳说：为了对抗那更加泛滥的人类中心主义，一定程度的拟人化有时是必要的。我在为《颤动的物质》写的书评中表示了赞赏，两年后，贝内特也受邀为我和默顿发表在《新文学史》(*New Literary History*) 杂志的两篇文章撰写评论，该杂志的编辑瑞塔·菲尔斯基（Rita Felski）也是 OOO 的支持者。[58] 尽管贝内特对 OOO 的一些具体论述不乏批评意见，但她对 OOO 关于非人类事物之生命的关注则是完全支持的。

让我们简要地谈谈贝内特《颤动的物质》一书，以便了解为什么一些 OOO 的支持者会对贝内特做出激烈的反应。贝内特首先是扁平本体论的支持者，她写道："我是物质的配置，公园里的鸽子由物质组成，寄生虫、我和鸽子体内的重金属等是物质，神经化学物、飓风、大肠杆菌、地板上的灰等等，也都是物质。"[59] 这种风格的散文体是贝内特论述的一大特征，她的另一个特征则是那发自内心的、对近代哲学人类中心主义倾向的抵抗:"非人类力量作为行动者的作用,是无论如何强调都不为过的……我试图以此来对抗人的语言和思想中那种反射性的自恋情结。"[60]这也使贝内特得出洞见,为了这些洞见,她从不惧怕与当代最著名的那些政治哲学家正面对抗。例如她指出:"[朗西埃]对于[政治]行动的描述越来越多地从语言角度出发……它是'对不公正的抗议',这种不公正就是没有对同样被赋予人类语言能力的存在者一视同仁。"[61]与这个论述相同步的,是贝内特对那种基于理智的去神秘化方法的失望,因为这种方法"假定一切事件或过程内部,都存在着被非法投射到其中的人类行动者"。[62]不过尽管贝内特在这些方面与OOO站在同一阵线,但她对OOO的一个观点始终持怀疑态度,这个观点就是:世界充满了各种先行存在的统一实体,在与观察者照面之前,这些实体就已经具有个体的形态了。贝内特的思想与斯宾诺莎、柏格森和德勒兹等哲学家颇为接近,她得出结论:"由固定实体构成的世界……[是]一种扭曲的模型……但它是有用且必要的,因为人类要想生存,就必须把世界当作工具使用。"[63]这种态度最显著地体现在《颤动的物质》一书的结尾处,贝内特戏谑地提出了新的"尼西亚信经"*。她的"信经"表述如下:

---

* 尼西亚信经(Nicene Creed)是传统基督宗教三大信经之一,得名于公元325年的第一次尼西亚大公会议。该经是尼西亚大公会议有关基督宗教信仰的一项基本议决。这个议决主张圣子是"出于真天主而为真天主,被生而非受造,与天主父本质相同",从而确定了圣父、圣子、圣神为三位一体的天主,本质相同。——译注

"我信唯一的物质-能量,天地万物,无论可见与否,都是它所创造。我信多重宇宙,在其中异质性往来穿梭,不断做事(doing things)。"[64]这个信条中的"唯一"、"物质"和"做事"等用词都表明,贝内特从根本上不认同OOO的观点。因为OOO并不认为世界是破裂为许多个体的统一整体;而或许除了布莱恩特,OOO的理论家一般也完全不用"物质"这个概念;此外,OOO也不认为物的终极作用在于做(布莱恩特在这方面又是个例外),因为我们认为这个说法是一种向上还原。

在《系统与事物》中,贝内特首次正面回应了默顿和我的观点,她对我们的哲学持一种既同情又不安的态度,而我们对她的思想也有同样的感觉。不过,同情的态度还是占主导地位的。贝内特正确地指出,"默顿、哈曼、我,连同我们的物,是彼此相互竞争的。"[65]她还特别指出,自己比较喜欢的OOO观点是:"经由彼此接近而产生交流,并且不仅仅包括人身体之间的交流。"[66]然而贝内特的本体论不够扁平,因此它看上去不太合理。贝内特似乎认为本体论至少必须是关于身体/物体(bodies)的,因此她颇为我"总是把思维物也包括到物范畴中的哲学观点"感到担忧,她似乎认为一切非物理的东西都是不能颤动的。[67]如前所述,与离散的实体模型相比,贝内特更倾向于流动的液体模型,尽管她也大度地承认默顿关于她"偏袒人体独特的节奏和尺度"的批评意见是有道理的。[68]我们又一次被带回到某种类似贝内特"尼西亚信经"的东西那里，它主张我们把"'物'理解为物质、能量和发端的漩涡，它们能够维持足够长的时间而不解体，从而与其他物——连同颤动整体的那种未确定的冲力——相互竞争"。[69]尽管贝内特这番话的意图是要将物和关系一视同仁，但我们很难看出这如何可能。如果物无非是"发端的漩涡"而已，那么就很难理解为什么它们不像关系那样是单纯的派生物。与此不同，OOO把关系视作独立且不可还原的物，从而为其保留了充足的空间。

同路人：特里斯坦·加西亚

加西亚（生于1981年）目前任教于法国里昂的让·穆兰大学（Université Jean Moulin）。他曾跟随法国著名哲学家阿兰·巴迪欧和昆丁·梅亚苏学习，加西亚最初以小说家的身份为人所熟知，他的小说处女作曾获得2008年度的"花神奖"。[70]2011年，加西亚那本题为《形式与物：论事物》(*Form and Object: A Treatise on Things*)的大部头体系著作在法国哲学界引起了轰动，此书的英文版已于2014年出版。尽管在写作《形式与对象》之前，加西亚对OOO思想家的论著还比较陌生，但他的思想与OOO有着相当程度的共鸣，以至他在2013年的论文《横穿思考方式》中对自己与我观点的异同做了讨论。

加西亚对小说和哲学维持着一种交替性的关注，目前他正在用法文写作一套哲学三部曲，这套书的英文版也会在不久的将来和读者见面。[71]

《形式与物》是一部雄心勃勃的著作，它向我们呈现了一个整全的哲学体系。此书的第一卷题为"形式地"（Formally），其英文版约有150页的篇幅。它对加西亚所谓的事物作了技术化的沉思，加西亚那里的事物含义非常宽泛，它指的是适用于随便什么东西的规则。此书第一卷的主要批判对象是加西亚所说的"缩合物"（compact），这个词在英文和法文中的意思相近，即指那种被压缩到自身中的东西。在加西亚看来，事物总是位于它们自身之外的世界中，因此（与OOO不同）他反对康德意义上的物自体，因为物自体不涉及事物之外的任何关系。[72] 在《第三张桌子》（The Third Table）一文中，我主张桌子既不能被还原为它的构件，也不能被还原为它的关系，加西亚则采取了不同的路径，在他看来，桌子恰恰是其构件和其一切关系之差。但无论如何，在《形式与物》的导言中，加西亚赞同了OOO和德兰达关于"扁平本体论"作为前提的必要性的主张。[73] 实际上《形式与物》正是以"拉图尔连祷"（Latour Litany）的方式开头的——所谓"拉图尔连祷"是博格斯特的用语，指的是列出一长串随机的物清单的做法，因为拉图尔格外擅长此事而得名。加西亚的连祷是这样的："我们生活在由事物组成的世界里，在其中，割一次橡胶树、一段基因、一幅电脑生成的图像、一只可移植的手、一个音乐片段、一个商标名、一场性交易……这些都是有可比性的事物。"[74] 在《形式与物》的第二卷中，加西亚的关注点从事物转到了物，与涵盖了随便什么东西的事物概念不同，根据加西亚的定义，物是被铭刻到特定关系体系中的特定事物。《形式与物》第一卷那抽象和精确的表述难免令部分读者感到吃力；与此相反，此书第二卷的内容丰富而具体，其中连贯的十七个章节也有合理的逻辑关系。我在此不妨罗列出第二卷各章的主题，希望对此感兴趣的读者能够完整阅读加西亚这部神奇的书，这些主题依次是：宇宙、物与事件、时间、生物、动物、人、表征、艺术与规则、文化、历史、物的经济、价值、阶级、性别、生命的阶段、死亡。这些章节还提出了大量具体的洞见，我对其中几个还留有深刻的印象。首先令我印象深刻的是加西亚以扁平本体论的名义对素食主义提出的反驳，当然，作为一个从小奉行素食主义的人，我本人并没有被这番论证所说服。第二个让人难忘的地方，是加西亚主张即便人类消失，艺术品仍然还是艺术品，对此我也持保留态度。第三个地方是加西亚热情满满地宣称友谊和爱情并不是无价的，而说它们无价完全算不上是称赞。第四个令人难忘，同时也更有说服力的地方，就是他美妙地论证了这样一个观点，即：青春期已然成了我们时代居于主导地位的年纪。有些读者——尤其是缺乏形式化哲学训练的人——或许会倾向于从第二卷开始阅读《形式与物》这本书。无论如何，加西亚无可争议地是当前全世界最具潜力的青年哲学家，他未来的思想发展也是我们应当高度关注的。对加西亚的论述感兴趣的读者，我高度推荐琼·考格伯恩2017年撰写的《加西亚沉思》(*Garcian Meditation*)一书，这本书解释了加西亚思想的重要性，并且对他与各位OOO哲学家在观点上的异同作了说明。

物导向本体论与建筑学

如前所述，除了哲学专业之外，在引入OOO理论方面最迅速、也最有热情的领域就是建筑学了（当然，其中也不乏诋毁者），它甚至比视觉艺术对OOO更加热情。造成这种局面有几个可能原因。首先，多年以来，建筑师对于人文社会科学领域的各种理论思潮始终颇为关注。这方面最突出的例子，或许就是二十世纪末，随着1988年纽约现代艺术博物馆的主题展，[75]德里达思想在建筑界引发了"解构主义"建筑热潮。当时这个思潮还促成了德里达和美国建筑师彼得·艾森曼（Peter Eisenman）的跨界合作（当然也有同样程度的分歧）。[76]不过德里达对建筑界的影响也并不算特别持久，从二十世纪九十年代起，越来越多的建筑师开始对德勒兹的哲学产生兴趣，桑福德·昆特（Sanford Kwinter）是把德勒兹思想引入建筑评论的代表人物，而杰弗里·吉普尼斯（Jeffrey Kipnis）则是建筑界主张德勒兹思想的先驱者之一。[77]但在某种程度上，德勒兹也是他自身成功的受害者，因为有太多建筑师匆匆接受了他偏爱生成而非存在的观点，从而在建筑设计中倾向于采用连续渐变和曲线的造型，而不采用边界清晰的转角和开窗，有些时候，建筑师对德勒兹的"折叠"概念作了过分字面的诠释，以至于打算在把真正物理意义上的折叠放到建筑物中。[78]鉴于上述这些状况，OOO 进入建筑学领域可以说是恰逢其时，因为当时许多建筑师已经对德里达和德勒兹的影响感到厌倦，而 OOO 在大多数理论问题上恰恰站在了德里达和德勒兹的反面。

南加州建筑学院（SCI-Arc）的戴维·鲁伊（David Ruy）是把 OOO 引入建筑学界的重要功臣。在鲁伊看来，OOO 似乎是对抗那个他本人并不喜欢的建筑理论趋势的一种可能手段，他曾这样写道："自从二十世纪九十年代中期以来，建筑学开始越来越急速地从关于建筑对象的话语转变为关于建筑领域的话语。"在这个过程中，建筑学失去了自身的专门性，并把自己视作"社会-文化场域的副产品、技术官僚体制和网络的有条件组成部分，甚至是对字面或建构环境内部的各种可测量参数的临时计算过程"。[79]同样来自南加州建筑学院的埃里克·盖诺尤（Erik Ghenoiu）同意鲁伊对于这种趋势的担忧，他认为："对于各种关系的操控有利于一种分心技术

(distraction technique),它使得建成场所就像是由设计者无法掌控的各种力量和思考所产生的结果。"[80] 导致这种转变的一部分压力来自对建筑物"碳足迹"的日益重视,人们认为建筑处在大自然整体之网中间,而大自然正受到全球变暖的威胁。但OOO对这种整体主义自然观提出了质疑,在OOO看来,世界是个部分不交流的体系,只有其中一部分特定的关系才会导致危险的正反馈循环。鲁伊认为:"物导向本体论对任何理性模型的存在都提出了质疑。尽管网络和场域作为知性的模型或许仍然有用,但它们的本体论是错误的。"[81] 鲁伊在此所指的正是这一点。虽然当前建筑界的专业意见已经开始反对所谓的"明星建筑师",而倾向于集体和共享的设计方法(例如,近年来普利兹克奖——号称建筑学界的诺贝尔奖——的获得者强调的往往是建筑的可持续性和社会责任,而非戏剧化的设计风格),但鲁伊仍然正确地注意到OOO为个人的卓越留出了更大的空间:"精湛的手工艺大师具备某种东西,作为物,这些东西既无法复制,也无法还原为性质的集合。"[82]

在前面简短的讨论中,我已经提到了三位来自SCI-Arc的学者:吉普尼斯、鲁伊和盖诺尤。而从2016年起,我本人也受SCI-Arc的聘用,在那里开展OOO的教学,由此可见OOO的潮流在SCI-Arc是方兴未艾的。不过说到这里,我们都还没有提到OOO在建筑学界最重要的代表人物:建筑师汤姆·韦斯康姆（Tom Wiscombe），韦斯康姆也在 SCI-Arc 任教，他在这方面作了最为具体的尝试，力图把 OOO 引入建筑设计策略的讨论之中。[83] 韦斯康姆特别关注的是 OOO 的"扁平本体论"所开启的全新的设计可能性，因为 OOO 对所有的物都一视同仁，无论尺度大小，无论是不是人类，也无论是天然的还是人造的。尽管韦斯康姆也坦承，把哲学引入建筑设计有时会导致灾难性的后果，但他认为，由于扁平本体论允许对部分–整体关系在建筑构成中的作用进行重新的概念化，因此"扁平本体论的理论框架在某种程度上已经存在于建筑内部了"。简言之，"扁平本体论无需诉诸弭平一边或分割另一边的方法，就可以处理建筑彻底去层次化（de-stratifying）的可能性所带来的问题"。[84] 由于在扁平本体论中，万物都同时即是整体又是部分，一切都取决于我们看待它们的视角是向上还是向下，因此扁平本体论破坏了整体与部分的竖向等级。"在[OOO 扁平本体论的]模型中，万物都被并置在一起，就像摊在桌上展示的一件件财宝。"[85]

韦斯康姆很快由此得出了一系列颇有前景的推论。正如他所言："推动这个项目前进的是三种模型的意象，它们分别是：袋中形体、暗指的外壳，以及超级组件。"[86] "袋中形体"源于特里斯坦·加西亚，韦斯康姆在文章的开篇就援引了加西亚的论述。[87] 用韦斯康姆的话说，建筑中"袋子"的作用就是"向我们提示其中的内容，然而这种内容永远不会被完全揭示。内在的物向外的推力就如同打在橡胶板上的拳头，它在袋中创造出内部和外部剪影的奇特同时性"。[88] "暗指的外壳"关注的是"部分次级围合的空间效果，这种围合虽然包裹着内部之物，却并未完全遮蔽它"，[89] 在韦斯康姆看来，勒·柯布西耶（Le Corbusier）和伯纳德·屈米（Bernard Tschumi）的某些作品已经预示了这种"暗指的外壳"。如果说"袋中形体"模型带来的意象是半遮半露的物轻轻撞进了建筑表皮内部，那么"超级组件"模型的意象就恰恰相反："物从外部被挤压到围合空间里面。先是像压塑玩具般（vacuformed）被挤在一起，随即又被放开。不同的物可以彼此安置（nestle），它们并没有融合成铁板一块，却可以暗指着一个融贯的新的物。"[90] 在文章的结尾处，韦斯康姆还指出了受扁平本体论启发而得出的另外两种设计策略。第一种策略是：建筑师对建筑体量与基地的关系重新进行思考，这种关系往往被视作理所当然的。"建筑体量不[应当]与基地融合或消失在基地中，而应当维持它与基地的差异。"[91] 实现这种策略的方法有"盘旋"、"安置"，以及韦斯康姆所说的"基地物"——也就是"对建筑物下方土地的完全物化。基地不再是表面，而是被重新浇铸成了体量"。[92] 如果我们设置台基和底座，那么支撑建筑物的基础本身就成了一个离开土地的新表面，但韦斯康姆反对这种做法，相反，他想象出"一种强有力的基地物……它是以对地景的破坏所界定的，[它]显得千疮百孔、凌乱不堪,从而积极地强调了建筑的体量"。[93] 韦斯康姆在文章最后提出了"表面刺青"的想法,"它在建筑上的主要作用在于造就横切(cross-grain)式的神秘形式效应,这种效应可以强调也可以隐藏其被镌刻在其中的那些物的离散性"。[94] 这听起来并不太像是随意的表面装饰,韦斯康姆指出:它并不是纯粹的视觉问题,而是一种表达全新建造技术的方式,因为"基于砖块、杆件和板材的建构表达方式已经成为过去了"。[95]

除了南加州建筑学院的这些学者,OOO 的主要捍卫者还包括耶鲁大学建筑学院的副院长马克·盖奇(Mark Foster Gage)。盖奇曾与扎哈·哈迪德建筑事务所的建筑师帕特里克·舒马赫(Patrik Schumacher)进行过一场重要和批判性的对话,在对话中,盖奇从 OOO 的立场出发,对舒马赫在其两卷本宣言中主张的"参数化"设计哲学作了反驳。[96] 此外,盖奇还在一篇题为《杀死简洁性》(Killing Simplicity)的文章中对建筑领域的 OOO 思想作了清晰的论述,此文的篇名直接点出了盖奇自己的建筑设计风格。[97] 在此文末尾,盖奇告诉我们:"建筑需要在哲学上把它那些基础性的假定推倒重来——它需要的不是新的形态或风格,而是对当前这门专业的本质进行深刻和有意义的追问:它应当做什么,不应当做什么,更重要的:哪些东西值得做,以及为什么值得做。"[98] 虽然这样的呼吁本身并没有错,但这或许会误导读者,使他们觉得盖奇在此并不是在倡导某种与OOO的观念相关的新风格，而是要对建筑学的未来进行某种"元建筑"的讨论。但事实上，盖奇已经发展出了一种极端有个性而令人难忘的风格，这充分体现在他的曼哈顿西区摩天楼设计方案中：在其中，整座建筑都被带羽毛的翅膀、齿轮状的结构，以及长长的黄铜和青铜装饰条所覆盖。著名设计资讯网站 *DeZeen* 对此写道："[盖奇的]方案设计了四个巨大的悬挑露台，支撑露台的是从建筑主结构向外伸展的、用混凝土刻出的翅膀。"[99] 这显然不是极简的现代主义建筑，在盖奇看来，那些建筑"只不过是覆盖了选好的玻璃幕墙成品的方盒子而已"。然而，这个设计也不属于那种混用历史建筑形式的所谓"后现代"建筑，恰恰相反，它给观看者带来的那种惊奇，就如同洛夫克拉夫特（H. P. Lovecraft）一篇恐怖小说中，沉闷的博物馆里的一个奇特冠状头饰把主人公搅得心神不安那样：

> 我看到的所有其他物，要么属于某些已知种族或民族的传承，要么是现代人对每一种已知传承的背离。但这个冠状头饰两者都不是。它显然是一种已定型的、达到无限成熟和完美的技术的产物，但这种技术与我所知和所见过的……任何东西都大相径庭。[100]

盖奇用更理论化的方式指出：OOO"是很有潜力的，它有可能导致十九、二十世纪大多数建筑运动所基于的那个理论基础被重新构造"。[101] 在他看来，OOO 最有前景的特征就在于它区分了实在物和感觉物，这"意味着建筑师要设计的是一系列性质，这些性质包裹并暗指着那个隐藏在可感知表面之下的深层实在……这个奇怪的说法表示我们正在远离现当代建筑的理论基础，该基础源于启蒙价值，启蒙价值特别强调发现以及那种可知的绝对物，并将其与感觉和推测对立起来。"[102] 根据盖奇的构想，我们应当以主张复杂实在性的方式来对感觉性质进行设计。[103] 关于"带壳的性质"（encrusted quality，在 OOO 中，这是感觉性质的同义词），盖奇建议道："设计带壳的性质时，我们的目标是用感觉去推测，而不是试图用孤立、单一的概念来达成真理"。[104] 这意味着"想象一种建筑……它暗示着对于实在的替代性观点或更深刻的看法"，这种建筑完全不同于"用还原性的图表来对巨大单一的观念进行简化"，在盖奇眼中，那种还原性的实践正是当前建筑界的毒瘤。[105]

第七章
CHAPTER 7

物导向本体论综述

本书是第一本面向大众的 OOO 综述读本，至此我们已经来到了它的尾声。即便您目前还没完全掌握书中提出的所有这些想法，我们也可以很有把握地说，您对这个话题的了解已经超过了 OOO 的大多数批评者。根据不同读者在兴趣点上的差异，对 OOO 的历史意义也有几种不同的理解。其中一种理解，就是认为 OOO 复兴了那股物导向的隐秘趋势，在哲学史上，作为对泛滥的向上和向下还原法的抵抗，这股趋势曾时断时续地出现过，其中的一些关键理论环节包括：亚里士多德的实体、莱布尼茨的单子、康德的物自体、怀特海和拉图尔关于实体/行动者的扁平本体论，以及胡塞尔（意向性物）和海德格尔（"物"）思想中物导向的成分。另一种对 OOO 历史意义的理解，则是认为它与（以黑格尔、费希特和谢林为代表的）德国唯心主义各自代表着康德所开启的那两条理论路线之一。德国唯心主义一方面取消了康德的物自体，另一方面却继承了康德的那个偏见，认为哲学应当主要讨论思维与世界的关系问题,因此它把人类之外的物之间的相互作用留给了基于数学的自然科学。与此相反,OOO 坚持了康德的物自体概念,它追问的是:康德为什么把物自体视作人类唯一的悲剧性负担,而不将其视作一切关系中(包括火和棉花的关系,或者雨滴和柏油路面的关系)那无法把握的项。对 OOO 的第三种理解关注的是它作为跨学科研究的成功之处,这种成功使我们可以将其视作一种基于行动者-网络理论的、有着广泛适用性的方法论,由于 OOO 拯救了所有物当中那个非关系性的内核,因此它为一种审美的事物观铺平了道路。从不同的角度出发,我可以同意以上所有的观点,我建议读者您也不妨采取这样的态度。

在本书的结尾,我打算对此前讨论过的几条 OOO 主要原则做一番综述。其中的一些原则最初源于其他学者的论述,对此我将在适当的地方加以注明。

扁平本体论(第一章)。扁平本体论认为,为了能够谈论所有事物,哲学一开始就必须尽可能把一切东西都包括进来。扁平本体论的主要对手是一种分类学的偏见,这种分类学事先假定了世界上的实体能够被区分为数量不多且彼此非常不同的若干类型。上帝与世上其他一切事物之间的关系问题,构成了中世纪哲学的核心论题。近代哲学无非是把人的思维放在了原先上帝的位置,它并没有放弃中世纪的思路,即认为世上有一样东西极为重要,并且它与其他所有事物都截然

不同，因此这样的东西配得上占据本体论的半壁江山。时至今日，这种近代的分类法仍然体现在不少著名欧陆哲学家的论述中，例如齐泽克、巴迪欧和梅亚苏。也正是因此，OOO（用拉图尔的话说）才自称为"非现代"哲学，我们不愿像前现代时期那样，把思维与世界、人与非人的差异作为根本的区别，从而错误地将世界切为两半。虽然OOO使用"扁平本体论"一词是受到德兰达的启发，但这个说法所描绘的那种倾向在不同历史时期的哲学中都可以见到，例如亚里士多德就主张：虽然人、动物和植物并不相同，但人之为人的程度并不比植物之为植物的程度更深，也就是说，它们作为实体的地位是平等的。

反还原（Anti-mining）（第一章）。物不能被还原为两种基本的知识，事实上，物是任何既无法被还原为其组成，又无法被还原为其后果的东西。而西方有太多的哲学家或是把物等同于它的组成，或是将其等同于它的后果，甚至不乏有人认为物既是组成又是后果。换言之，OOO强烈地主张一种反字面主义（anti-literalist）的对象观，在字面主义看来，我们可以对物进行解释，就仿佛物完全等同于其性质或后果的总和，此外没有任何多余的东西似的。用当代哲学的术语来说，OOO认为：（亨利·柏格森和简·贝内特那里）作为产生瞬时物的动态整体的那种漩涡模型属于一种向下还原，因为在这种模型看来，每个实体就和构成其基础的那种统一体一样浅。另一方面，OOO也不能认同关于行动或事件的哲学，因为这些哲学无非是对物的向上还原。这种批评以不同的方式也适用于拉图尔的行动者-网络理论、福柯关于话语事件先于物的见解，以及德里达关于无物与自身（又称"自我在场"）同一，而万物都存在于撒播中的观点。几天前，我碰巧在网友的评论上看到了一个类似的理论，这位不知名的网友对OOO持批评态度，而对凯伦·巴拉德（Karen Barad）和多娜·哈拉维（Donna Haraway）的论述赞赏有加，因为她们为"无关系项的关系"作了辩护。[1]虽然巴拉德和哈拉维的论著是很有价值的，但我并没有看出那种能够凭空产生关系项的关系如何可能，这就好像在说：婚姻关系不是改变两个人并使他们结合，而是凭空产生了一对配偶。我们很难想象比这更加严重的向上还原了，如前所述，这种做法的问题在于：我们无法用它来解释变化。

OOO不是一种唯物主义（第一章）。任何一个新理论通常都会导致各种不同的误解。在目前看来，对OOO最普遍的误解就是把它当成了一种"唯物主义"。事实上，OOO连对"物质"概念都没有任何特别的兴趣，更不要说唯物主义了。"唯物主义"中的"物质"，指的是一种本身无形式，却可以承载形式的物理材料，这种物质概念不仅在经验上没有基础，而且在理论上也毫无帮助。马、想象中的马和独角兽三者之间的区别并不在于前者"固有"物质，而后两者不固有物质；

恰恰相反,三者的差异其实在于:真实的马所具有的形式和想象的马乃至独角兽都不相同。这导致的一个后果就是,我们无法从事物中"提取"出形式,并用数学或其他直接可知的用语将其表述出来;相反,一旦试图这么做,我们就把这种形式变成了其他东西。任何转译都会损失能量,因此完美把握任何事物都是不可能的。

物不仅对人的接近有所保留,而且对其他物的接近也有所保留(第一章)。这是OOO与康德以及作为康德重要继承人的海德格尔的一个重要区别。大多数后康德时代的哲学都接受了某种版本的德国唯心主义康德批判:我们不可能在思维之外思考某个事物,因此那种超越思维的物自体概念是不融贯的。与此相反,OOO完全接受了康德那里的物自体,只是否认物自体仅仅对人的思维造成困扰。虽然火和棉花并不像人或动物那样"有意识",但它们对彼此也同样是不透明的。不妨想想那两位伪装成社会学家的当代大哲学家(拉图尔和卢曼)的论述,我们会发现交流并不像拉图尔所认为的那样简单。关系是在事物生命中偶然形成的,它们并不是组成事物的材料;此外,并非所有的关系都会在其中的关系项上留下永久的痕迹。反过来说,交流也并不像卢曼所认为的那么困难。人类能够与社会和政治体系进行相互作用并对它们施加影响,尽管和之前的情形一样,并非所有这些相互作用都会留下永久的痕迹。物之间的交流既非轻而易举,也并非全然不可能，它虽然困难，却是完全可能实现的。

事物中的破裂（第二章）。大多数关于实在论的争议往往都执着于实在与实在的表征之间的那道鸿沟。OOO一方面拓宽了这个问题，从而使思想着的人不再是产生这些表征的唯一处所；另一方面，OOO还给这个问题带来了新的意义。在OOO看来，事物的内部也存在鸿沟，我们称之为物／性质裂缝。感觉物和实在物都不仅仅是性质的束，相反，虽然物无法脱离性质存在，但物优先于它的性质。这两个独立的世界之轴（退离／在场之轴、物／性质之轴）的结合产生了一个四元结构（见本书图1），无论在任何的相关领域中，这个结构都是OOO方法论的基础。

审美作为第一哲学（第二章）。作为非字面地通达物的一种形式，审美经验对于OOO是至关重要的。当感觉性质不再属于通常相应的感觉物，而是被转移到某个必然无法通达的、退离的实在物中的时候，审美经验就发生了。在审美中，欣赏者本人替代了那消失的实在物，从而成为支撑着感觉性质的全新实在物。因此可以认为，审美经验必然是戏剧的，尽管艺术评论家迈克尔·弗里德对戏剧提出了言辞激烈的指责。

物行动是因为它们存在，而不能说物存在是因为它们行动（第三章）。社会理论必须以物的实在性而非物的行动为基础，因为后者只是物自身的向上还原。在事物整个生命所涉及的无数关系中，只有一小部分才是至关重要的，我们把这些关键的关系称为"共生关系"。共生关系往往不具备相互性，这意味着事物 A 与事物 B 有共生关系，但反过来就可能不成立。此外，如同隐喻一样。所有共生关系也都是不对称的："酒暗色的海"不等同于"海暗色的酒"。

不存在政治知识（第三章）。政治理论无法建立在知识的主张之上：无论是对于最好政策的知识主张，还是单纯愤世嫉俗地宣称一切政治都是权力斗争。除了需要承认自身并非知识，政治理论还必须允许非人类实体发挥比此前更大的作用。

OOO 仍然是一个充满生机的理论思潮，因此我们当然希望它能继续地给我们带来新的发现。我对本书有一个期待，我希望它能成功地向读者展现出一幅生动的图景，好让更多人了解这个思想流派业已取得的长足进步。

注释

注释中所标注文献的详细出版信息，都可以在扩展阅读书目中查到。

导言

1　Slavoj Žižek, 'The Hillary Clinton Consensus Is Damaging Democracy'.
2　'post-truth' dictionary entry, https://en.oxforddictionaries.com/definition/post-truth
3　http://www.attn.com/stories/9613/neil-degrasse-tysons-latest-political-tweet-backfires
4　James Ladyman & Don Ross, *Every Thing Must Go*.
5　Slavoj Žižek, 'Afterword: Objects, Objects Everywhere'.
6　Bruno Latour, *An Enquiry Into Modes of Existence*, pp. 327, 337.
7　https://artreview.com/power_100/graham_harman/
8　我亲耳所闻，其中一位是雪城大学的建筑系主任迈克尔·斯皮克斯（Michael Speaks），时间是 2014 年；另一位是德克萨斯大学的迈克尔·本尼迪克特（Michael Benedikt），时间是 2016 年。
9　Mark Foster Gage, 'Counterpoint: A Hospice for Parametricism'.
10　Timothy Morton and Björk Guðmundsdóttir, *This Huge Sunlit Abyss from the Future Right There Next To You*.
11　严格地说，我在 1997 年开始在自己的论著中使用"物导向的哲学"这个说法，并且在 1999 年一场题为"物导向的哲学"的报告中首次公开提出这个术语，报告的内容后来收入在我的《迈向思辨实在论》（*Towards Speculative Realism*）一书中。2009 年，布莱恩特创造了"物导向本体论"这个概念，这个术语比较宽泛，它既包括我的理论，也涵盖了多种不同于我的理论。需要指出的是，当时"物导向本体论"这个短语已经被哲学家阿登·埃文斯（Aden Evens）用作论文的标题了（2006 年）。不过埃文斯的文章讨论的是计算机编程对哲学的影响，而非 OOO 运动所构想的那种哲学本体论。

12 Martin Heidegger, *Being and Time*.

13 Graham Harman, *Immaterialism: Objects and Social Theory* and *Bruno Latour: Reassembling the Political*.

14 Jane Bennett, *Vibrant Matter*; Tristan Garcia, *Form and Object*.

15 Mark Foster Gage, 'Counterpoint: A Hospice for Parametricism'; Erik Ghenoiu, 'The World Is Not Enough'; David Ruy, 'Returning to (Strange) Objects'; Tom Wiscombe, 'Discreteness, or Towards a Flat Ontology of Architecture'.

第一章

1 Brian Greene, *The Elegant Universe*, p. 211.

2 Lee Smolin, *The Trouble with Physics*; Richard Woit, *Not Even Wrong*.

3 John Branch, 'Fright Nights in the NBA'.

4 C. G. Jung, *The Archteypes and the Collective Unconscious*.

5 Sam Coleman, 'Mind Under Matter'.

6 Manuel DeLanda, 'Emergence, Causality and Realism'.

7 G. W. Leibniz, 'The Principles of Philosophy, or, the Monadology'. 莱布尼茨单子（monad）概念的一个主要矛盾就在于：一方面，单子被认为是完全封闭自足的，用莱布尼茨的比方说，它是没有"窗"的。一个单子无法与任何其他事物直接交流，只有当上帝允许时，交流才可能发生。但另一方面，莱布尼茨认为上帝从宇宙诞生的那一刻起就让每个单子内部充满了与其他单子的各种关系。不妨用那个著名的凯撒的例子，凯撒率军跨越卢比孔河，从而实质上向罗马共和国宣战，但根据单子论，这并不是凯撒自由意志的偶然决定，相反，这个决定从太初之时就已经包含在凯撒的单子中了，数十亿年之后，这个单子以人类婴儿的形式，被凯撒的母亲所生。这显然为莱布尼茨对自由意志的刻画带来了问题，虽然我非常推崇莱布尼茨的思想，但我也认为他在这方面的解释充满了细节上的矛盾。

8   Tim Lenton, *Earth System Science*, p. 15.

9   Jeffrey Bub, *Interpreting the Quantum World*, p. 34.

10 Jakob von Uexküll, *A Foray into the Worlds of Humans and Animals*, p. 47.

11 René Grousset, *The Empire of the Steppes*, p. 110.

12 John Julius Norwich, *A History of Venice*, p. 412.

13 Daniel Dennett, 'Quining Qualia', p. 384.

14 Martin Heidegger, *What Is Called Thinking?*, p. 8.

15 Aristotle, *The Metaphysics*, Book VII.

16 Wilfrid Sellars, *In the Space of Reasons*, p. 369.

17 Manuel DeLanda in conversation with Christoph Cox, 'Possibility Spaces', p. 93.

18 Martin Heidegger, 'Insight Into That Which Is', in *Bremen and Freiburg Lectures*.

19 Franz Brentano, *Psychology from an Empirical Standpoint*; Kazimierz Twardowski, *On the Content and Object of Presentations*; Edmund Husserl, 'Intentional Objects'; Alexius Meinong, *On Assumptions*.

20 Martin Heidegger, *Being and Time*. 关于海德格尔对自己锤子思想实验的解释，不乏批评意见，详情可参阅：Graham Harman, *Tool-Being*.

21 关于前苏格拉底时期各类哲学言论的简便好用的集中论述，参阅 Carl Levenson & Jonathan Westphal (eds.), *Reality*，第二章。

22 Graham Harman, 'On the Undermining of Objects'.

23 René Descartes, *Meditations on First Philosophy*.

24 George Berkeley, *A Treatise Concerning the Principles of Human Knowledge*.

25 Alfred North Whitehead, *Process and Reality*; Bruno Latour, 'Irreductions'.

26 William James, *Pragmatism*; Charles Sanders Peirce, *Philosophical Writings of Peirce*.

27 Edmund Husserl, *Logical Investigations*.

28 Michel Foucault, *The Archaeology of Knowledge*.

29　Jacques Derrida, *Of Grammatology*, p. 158. 德里达的追随者很喜欢在这句话的翻译上玩弄双关语，严格来说，他们把"il n'y a pas de hors-texte"翻译成"没有外在－文本"并不算错。但在我看来，这两个英文翻译同样意味着反实在论，因此我选择了斯皮瓦克（Gayatri Spivak）的那个经典翻译。

30　Aristotle, *The Metaphysics*.

31　Graham Harman, 'Undermining, Overmining, and Duomining'.

32　Plato, *Meno*.

33　Manuel DeLanda & Graham Harman, *The Rise of Realism*, p. 58.

34　Karen Barad, *Meeting the Universe Halfway*.

35　Levi R. Bryant, *The Democracy of Objects*.

36　Roy Bhaskar, *A Realist Theory of Science*. 对巴斯卡而言，"扁平本体论"指的是那种主张一切事物都是人的经验，从而把万物都变得扁平的理论。这种理论会导致巴斯卡所反对的经验主义科学哲学，因为他感兴趣的是实在的因果机制，这种机制从不会在经验中显现，而是世界本身的深层维度。

37　Quentin Meillassoux, *After Finitude*.

38　Bruno Latour, *We Have Never Been Modern*.

39　Graham Harman, *Prince of Networks*.

第二章

1　Adrian Johnston, 'Points of Forced Freedom', p. 93.

2　Pseudo-Dionysius, *Pseudo-Dionysius: The Complete Works*, p. 30.

3　Bennett Cerf, *Book of Riddles*.

4　Cleanth Brooks, *The Well Wrought Urn*; Max Black, 'Metaphor'.

5　José Ortega y Gasset, 'An Essay in Esthetics by Way of a Preface'.

6　这本诗集是 José Moreno Villa, *El pasajero* (*The Traveller*).

7　需要指出的是，奥尔特加的文章也夹杂着一些厌恶女性和厌恶英美的内容，对此我并不认同。

8　Immanuel Kant, *Groundwork of the Metaphysics of Morals*.

9　Alphonso Lingis, *The Imperative*.

10　Immanuel Kant, *Prolegomena to Any Future Metaphysics*.

11　Immanuel Kant, *Critique of Judgment*.
12　Ortega, 'An Essay in Esthetics by Way of a Preface', p. 136.
13　Graham Harman, 'Zero-Person and the Psyche'.
14　Ortega, 'An Essay in Esthetics by Way of a Preface', p. 133.
15　Ibid., p. 134.
16　Ibid., pp. 138–9.
17　Ibid., p. 139.
18　Ibid., p. 140.
19　Ibid., p. 141.
20　Ibid.
21　Ibid., p. 142.
22　Ibid., p. 143.
23　Ibid., p. 145.
24　David Hume, *A Treatise of Human Nature*, Book I, Chapter IV.
25　Edmund Husserl, *Logical Investigations*.
26　Kazimierz Twardowski, *On the Content and Object of Presentations*.
27　Ortega, 'An Essay in Esthetics by Way of a Preface', p. 134.
28　Martin Heidegger, *Being and Time*; Graham Harman, *Tool-Being*.
29　Martin Heidegger, 'The Origin of the Work of Art', in *Off the Beaten Track*.
30　Ortega, 'An Essay in Esthetics by Way of a Preface', p. 139.
31　Konstantin Stanislavski, *An Actor's Work*.
32　Ortega, 'An Essay in Esthetics by Way of a Preface', p. 144.
33　Ibid., p. 148.
34　Ernest Hemingway, *The Old Man and the Sea*.
35　Claire Colebrook, 'Not Kant, Not Now: Another Sublime', p. 145.
36　Aristotle, *Poetics*.
37　Martin Heidegger, *What is Called Thinking?*, p. 8.
38　Heidegger, *Being and Time*.
39　Aristotle, *The Art of Rhetoric*.
40　Marshall McLuhan, *Understanding Media*.
41　Clement Greenberg, *Art and Culture*.

42 关于这个论题的完整论述，参阅：Graham Harman, *Dante's Broken Hammer*.

43 Immanuel Kant, *Groundwork of the Metaphysics of Morals*.

44 Max Scheler, 'Ordo Amoris' and *Formalism in Ethics and a Non-Formal Ethics of Values*.

45 Immanuel Kant, *Critique of Judgment*.

46 Clement Greenberg, *Homemade Esthetics*, pp. 28–9.

47 Clement Greenberg, *The Collected Essays and Criticism, Vol. 4*, p. 293 为表述清晰，用词有改动。

48 Michael Fried, 'Art and Objecthood'.

49 Mark Linder, *Nothing Less Than Literal*.

50 Harriet Beecher Stowe, *Uncle Tom's Cabin*.

第三章

1 S. S. Strum & Bruno Latour, 'Redefining the Social Link: From Baboons to Humans'.

2 Graham Harman, *Bruno Latour: Reassembling the Political*.

3 Graham Harman, *Immaterialism: Objects and Social Theory*.

4 Bruno Latour, *Reassembling the Social*.

5 Bruno Latour, *The Pasteurization of France*.

6 Bruno Latour, *Pandora's Hope*.

7 Niles Eldredge & Stephen Jay Gould, 'Punctuated Equilibria: An Alternativeto Phyletic Gradualism'.

8 Lynn Margulis, *Symbiotic Planet*.

9 Ian Hodder, *Entangled*; Graham Harman, 'Entanglement and Relation'.

10 Mark S. Granovetter, 'The Strength of Weak Ties'.

11 Winston S. Churchill, *The Gathering Storm*.

12 Terry Pinkard, *German Philosophy 1760–1860*.

13 Harman, *Immaterialism*, p. 107.

14 这个故事是谢尔比·福特（Shelby Foote）在他那部极佳的三卷本南北战争史中叙述的，摘自 *The Beleaguered City*。

15　Bruno Latour, 'Can We Get Our Materialism Back, Please?'

16　Levi R. Bryant, *Onto-Cartography*, p. 2.

17　关于这个问题的详细讨论，参阅 Hans-Georg Moeller's *The Radical Luhmann*. 卢曼在自己书中的举例，参阅 *Social Systems*。

18　Leo Strauss, *Natural Right and History*.

19　Bruno Latour, *We Have Never Been Modern*, p. 27.

20　参阅 Bruno Latour, *Facing Gaia*.

21　Eric Vogelin, *The New Science of Politics*.

22　Bruno Latour, Graham Harman & Peter Erdélyi, *The Prince and the* Wolf, p. 96.

23　G. W. Leibniz, 'From the Letters to Des Bosses (1712–16)'.

24　关于物之间关系的拓扑学问题，一本重要的著作是马歇尔和埃里克·麦克卢汉（Marshall & Eric McLuhan）的《媒体定律》（*Laws of Media*），此书是在马歇尔去世之后出版的。

25　Bruno Latour, 'Two Bubbles of Unrealism'.

第四章

1　Graham Harman, 'On Vicarious Causation'; Steven Nadler, *Occasionalism*.

2　参阅 Judith Butler, *Gender Trouble*, 以及前面提到的其他作者的著作。

3　Martin Heidegger, 'Insight Into That Which Is', in *Bremen and Freiburg Lectures*.

4　See also Graham Harman, 'Dwelling with the Fourfold'.

5　Edmund Husserl, 'Intentional Objects'.

6　我在 2014 年一篇题为"物与东方主义"（Objects and Orientalism）的文章中对中东人给出了详细的论述。

7　Maurizio Ferraris, *Manifesto of New Realism*; Markus Gabriel, *Fields of Sense*.

8　关于这个论题的详情，参阅 Majid Fakhry, *Islamic Occasionalism and its Critique by Averroes and Aquinas*, 对于懂德语的读者，还可参阅 Dominik Perler & Ulrich Rudolph's *Occasionalismus*。

9　Graham Harman, 'Time, Space, Essence, and Eidos'.

10　Plato, *Meno*, 71b. 我引用的是格鲁布翻译，Hackett 出版社的版本。

11　Ibid., 71e–72a.

12　Ibid., 73d.

13　Ibid., 77b.

14　Ibid., 78c.

15　Ibid., 80d–81a.

16　Ibid., 81d.

17　Ibid., 87c.

18　Ibid., 89e.

19　Ibid., 96 a–d.

20　Ibid., 97b.

21　Ibid., 97c.

22　Ibid., 97e.

23　Ibid., 98a.

24　Ibid., 81e.

25　Nicholas of Cusa, *Selected Spiritual Writings*.

26　Plato, *The Republic*, Book VI, 509d–511d.

27　Plato, *Meno*, 99e.

28　Edmund Gettier, 'Is Justified True Belief Knowledge?', p. 121. 关于柏拉图的参考文献，已经列在此文同一页的脚注 1 中了。

29　Thomas Kuhn, *The Structure of Scientific Revolutions*.

30　Imre Lakatos, *The Methodology of Scientific Research Programs*.

31　Karl Popper, *The Logic of Scientific Discovery*.

32　For one critique along these lines, see Manuel DeLanda, *Philosophical Chemistry*.

33　Marshall McLuhan, *Understanding Media*, Part I, Chapter 1.

34　Søren Kierkegaard, *Concluding Unscientific Postscript*.

第五章

1　一个重要的例外，是路易斯安那州立大学的琼·考格伯恩（Jon Cogburn），他在 2012 年开设了最早的 OOO 讨论课，考格伯恩在他杰出的新书《加西亚的沉思》（*Garcian Meditations*）中，对于沟通分析哲学和欧陆哲学的区隔作了相当充分的论述。

2 对欧陆哲学的反实在论或许是最为公允的评述，参阅：Lee Braver, *A Thing of This World*.

3 Peter Gratton, *Speculative Realism*, p. 5.

4 Barry Smith & Jeffrey Sims, 'Revisiting the Derrida Affair with Barry Smith'.

5 德里达1967年的三部主要著作分别是《论文字学》、评论胡塞尔的重要著作《语音与现象》(*Voice and Phenomenon*)，以及杰出的论文集《书写与差异》(*Writing and Difference*)。

6 Plato, *Phaedrus*; Derrida, 'Plato's Pharmacy'.

7 Graham Harman, *Heidegger Explained*, p. 1.

8 娴熟的德里达学者如何使用"时间"概念的另一个例子，参阅：Martin Hägglund, *Radical Atheism*.

9 例如，参阅 John D. Caputo, 'For Love of the Things Themselves'.

10 Derrida, *Of Grammatology*, p. 89.

11 Ibid., p. 61.

12 Ibid., p. 50.

13 Ibid., p. 61.

14 Ibid., p. 50. 后现代法国哲学往往强调能指（signifier）和所指（signified）的区别，这主要是受瑞士语言学家费迪南德·索绪尔（Ferdinand de Saussure, 1857—1913）的启发，他的《普通语言学教程》(*Course in General Linguistics*) 在法国哲学界有着深远的影响。索绪尔主张，任何给定的能指和它的所指之间的关系是任意的，例如，不同的语言对"狗"有着不同的称呼，尽管被指的狗是同一只。此外，拉康和德里达等法国思想家喜欢强调这样的观念，即：能指指向的仅仅是其他能指，语言游戏本身之外并不存在任何根本意义上的所指。需要指出：这显然是一种反实在论的策略，因为实在论要求语言之外的存在物，虽然这个主张听起来非常合乎常识，但拉康和德里达都直率地反对它。

15 Derrida, *Of Grammatology*, p. 49.

16 Ibid., p. 45.

17 Ibid., p. 31.

18 Ibid., p. 90.

19 关于这个话题的更多情况，参阅：Graham Harman, *Guerrilla Metaphysics*,

pp. 110–16.
20 Derrida, *Of Grammatology*, pp. 22–3.
21 Michel Foucault, *The Archaeology of Knowledge*, p. 23.
22 Ibid.
23 Ibid.
24 Ibid., p. 24.
25 Ibid., p. 25.
26 对《海德格尔全集》问题的一种尖刻意见，参阅：Theodor Kisiel, 'Heidegger's *Gesamtaugabe*: An International Scandal of Scholarship'.
27 Foucault, *The Archaeology of Knowledge*, p. 26.
28 Ibid., pp. 26–7.
29 Ibid., p. 27 (italics added).
30 Ibid.
31 Ibid., p. 28.
32 关于前者，参阅 Bruno Latour, *The Pasteurization of France*; 关于后者，参阅 Bruno Latour, *Aramis*.
33 Foucault, *The Archaeology of Knowledge*, p. 28.
34 Ibid., p. 32.
35 Ibid., p. 33.
36 Ibid., p. 34.
37 Ibid., p. 37.
38 Ibid., pp. 42–3.
39 Ibid., p. 48.
40 Ibid., p. 45.
41 Ibid., p. 47.

第六章

1 Graham Harman, 'Object-Oriented Philosophy', in *Towards Speculative Realism*.
2 参阅：Morton's remarks in Peter Gratton, 'Interviews: Graham Harman, Jane-Bennett, Tim Morton, Ian Bogost, Levi Bryant and Paul Ennis'.

3   Ian Bogost, *Play Anything*, pp. 1–2.
4   Ian Bogost, 'Why Gamification Is Bullshit'.
5   David Foster Wallace, *This is Water*, p. 84; cited at Bogost, *Play Anything*, p. 8.
6   Bogost, *Play Anything*, p. 9.
7   Ibid., p. 13.
8   Ibid., p. 14.
9   Ibid., p. 20.
10 Ibid., p. 22.
11 Noah Frankovitch, 'Why Can't Anyone Tell I'm Wearing This Business Suit Ironically?'
12 Bogost, *Play Anything*, p. 42.
13 Ibid., p. 58.
14 Ibid., p. 95.
15 Ibid., p. 99.
16 Ibid., pp. 104–7.
17 Ibid., p. 106.
18 Ibid., p. 133.
19 Ibid., p. 146.
20 Levi R. Bryant, Larval Subjects blog, https://larvalsubjects.wordpress.com/
21 Gilles Deleuze & Félix Guattari, *Anti-Oedipus*.
22 Levi R. Bryant, *Onto-Cartography*, pp. 198 ff.
23 Ibid., pp. 15–25.
24 Ibid., p. 198.
25 Graham Harman, 'Time, Space, Essence, and *Eidos*'.
26 Bryant, *Onto-Cartography*, p. 199.
27 Ibid., p. 205, citing Alain Badiou, *Logics of Worlds*.
28 Ibid., p. 203.
29 Ibid., p. 208.
30 Timothy Morton, *Hyperobjects*, p. 1.
31 Ibid., p. 201.
32 Ibid.

33 Ibid., p. 6.
34 Ibid., pp. 1–2.
35 Jean-Paul Sartre, *Being and Nothingness*, p. 609, cited Timothy Morton, *Hyperobjects*, p. 30.
36 Morton, *Hyperobjects*, p. 36.
37 Ibid., p. 31.
38 Ibid., p. 36 (italics added).
39 Ibid., p. 35.
40 Ibid., pp. 41–2.
41 Ibid., p. 42. 这里指的是和蔡林格共同写作的文章 'Distributing Entanglement and Single Photons through an Intra-City, FreeSpace Quantum Channel'.
42 Ibid., p. 49.
43 Ibid., p. 45.
44 Ibid., p. 48.
45 Ibid., p. 54.
46 Ibid., p. 56.
47 Ibid., p. 66.
48 Ibid., p. 60.
49 Ibid., p. 1.
50 Mark Buchanan, *Ubiquity*.
51 Morton, *Hyperobjects*, pp. 71–2.
52 Ibid., pp. 71–5.
53 Ibid., p. 76.
54 Graham Priest, *Beyond the Limits of Thought*.
55 Morton, *Hyperobjects*, pp. 81–2.
56 Ibid., p. 83.
57 Ibid., p. 81.
58 Graham Harman, 'Autonomous Objects'; Jane Bennett 'Systems and Things'.
59 Jane Bennett, *Vibrant Matter*, p. 112.
60 Ibid., p. xvi.
61 Ibid., p. 106.

62　Ibid., p. xiv.
63　Ibid., p. 128.
64　Ibid., p. 122.
65　Bennett, 'Systems and Things', p. 232.
66　Ibid., p. 228.
67　Ibid.
68　Ibid., p. 229.
69　Ibid., p. 227.
70　Tristan Garcia, *Hate: A Romance*.
71　加西亚三部曲其中的两部的法文版分别是 *La Vieintense* 和 *Nous*。
72　我已经在我的两篇论加西亚思想的文章中谈到这个问题，参阅：'Object-Oriented France' 以及 'Tristan Garcia and the Thing-In-Itself'.
73　Tristan Garcia, *Form and Object*, p. 4.
74　Ibid., p. 1.
75　Philip Johnson & Mark Wigley, *Deconstructivist Architecture*.
76　'Appendix: Letter from Jacques Derrida to Peter Eisenman', pp. 160–68, in Peter Eisenman, *Written into the Void: Selected Writings, 1990–2004*.
77　Sanford Kwinter, *Far from Equilibrium*; Jeffrey Kipnis, *A Question of Qualities*.
78　Gilles Deleuze, *The Fold*.
79　David Ruy, 'Returning to (Strange) Objects', p. 38.
80　Erik Ghenoiu, 'The World is Not Enough', p. 6.
81　Ruy, 'Returning to (Strange) Objects', pp. 40–41.
82　Ibid., p. 42.
83　Tom Wiscombe, 'Discreteness, or Towards a Flat Ontology of Architecture'.
84　Wiscombe, 'Discreteness', p. 43.
85　Ibid., p. 35.
86　Ibid., p. 39.
87　Ibid., p. 35.
88　Ibid., p. 39.
89　Ibid.
90　Ibid.

91　Ibid.
92　Ibid., p. 41.
93　Ibid.
94　Ibid., p. 43.
95　Ibid.
96　Patrik Schumacher, *The Autopoiesis of Architecture*, 2 vols.
97　Mark Foster Gage, 'Killing Simplicity'.
98　Ibid., p. 106.
99　Emma Tucker, 'Mark Foster Gage Proposes Elaborate Gargoyle-Covered Skyscraper for New York'.
100　H. P. Lovecraft, 'The Shadow over Innsmouth', p. 595, in *Tales*.
101　Gage, 'Killing Simplicity', p. 100.
102　Ibid., p. 103.
103　Ibid., p. 104.
104　Ibid., p. 105.
105　Ibid., p. 106.

第七章

1　Karen Barad, *Meeting the Universe Halfway*; Donna Haraway, *Simians, Cyborgs, and Women*.

图书在版编目（CIP）数据

新万物理论：物导向本体论 /（美）格拉汉姆·哈曼著；王师译 . -- 上海：上海文艺出版社，2022
（企鹅·鹈鹕丛书）
ISBN 978-7-5321-8086-8
Ⅰ.①新… Ⅱ.①格… ②王… Ⅲ.①本体论 Ⅳ.①B016
中国版本图书馆 CIP 数据核字（2021）第 191258 号

OBJECT-ORIENTED ONTOLOGY
Copyright © Graham Harman, 2018
First Published by Pelican Books, an imprint of Penguin Books 2018
Simplified Chinese edition copyright © 2022 by Shanghai Literature & Art Publishing House in association with Penguin Random House North Asia.
Penguin（企鹅）, Pelican（鹈鹕）, the Pelican and Penguin logos are trademarks of Penguin Books Ltd.

®"企鹅"及相关标识是企鹅兰登已经注册或尚未注册的商标。未经允许，不得擅用。
封底凡无企鹅防伪标识者均属未经授权之非法版本。

著作权合同登记图字：09-2018-1252

出 品 人：毕　胜
责任编辑：肖海鸥
特约编辑：邱宇同　刘　漪

书　　名：新万物理论
作　　者：（美）格拉汉姆·哈曼
译　　者：王　师
出　　版：上海世纪出版集团　上海文艺出版社
地　　址：上海市闵行区号景路 159 弄 A 座 2 楼　201101
发　　行：上海文艺出版社发行中心
　　　　　上海市闵行区号景路 159 弄 A 座 2 楼 206 室　201101　www.ewen.co
印　　刷：苏州市越洋印刷有限公司
开　　本：787×1092　1/32
印　　张：9
字　　数：154,000
印　　次：2022 年 3 月第 1 版　2022 年 3 月第 1 次印刷
Ｉ Ｓ Ｂ Ｎ：978-7-5321-8086-8 / B.074
定　　价：65.00 元
告 读 者：如发现本书有质量问题请与印刷厂质量科联系 T: 0512-68180628